La Educación Pública y Privada en España y la Unión Europea

Análisis de la evolución del gasto en educación (2001- 2022)

COLECCIÓN EDUCACIÓN Y FAMILIA | INFORME 03

Octubre de 2024

Autores

José Ramón Riera
Presidente en "De Madrid a Europa"

Ignacio Basco
Consejero delegado en "De Madrid a Europa"

Gonzalo Sanz-Magallón
Responsable de proyectos de Educación de CEU-CEFAS

CEU-CEFAS
Calle Tutor, 35
28008 Madrid | España
Teléfono: (+34) 91 514 05 77
cefas@ceu.es
cefas.ceu.es

Instituto CEU de Estudios de la Familia
Universidad CEU San Pablo
C/ Julián Romea, 20
28003 Madrid | España
Teléfono: (+34) 91 456 63 11
if@ceu.es
institutofamilia.ceu.es

Depósito legal: M-23085-2024
ISBN: 978-84-19976-47-5
Maquetación: CEU Ediciones
Impresión: CEU Ediciones
Impreso en España

Publica: CEU Ediciones
Calle Julián Romea, 18
28003 Madrid | España
Teléfono: (+34) 91 514 05 73
ceuediciones@ceu.es

La Fundación Universitaria San Pablo CEU es una entidad inscrita en el Registro de Fundaciones
con el nº 60 /
CIF (G-28423275).

Índice

Estudio de la educación pública y privada

El presente estudio abarca desde el año 2001 a 2022 para la Educación Pública y desde el 2012 a 2019 para la Educación Privada. Utilizamos para ello la información disponible en Eurostat, que va a ser la fuente de información sobre la que se elabore el estudio.

La primera parte de este estudio se divide en cuatro secciones: Educación Preprimaria y Primaria, Educación Secundaria y Formación Profesional (FP), Educación Universitaria y Total de la Educación, donde también estarán incluidas todas las clasificaciones desde el I+D+i a otro tipo de educación no reglada.

A su vez, dentro de estas cuatro secciones, analizaremos la Educación Pública y Privada para finalmente realizar un análisis conjunto de ambas.

Iniciaremos cada sección con una introducción al caso español para, posteriormente, continuar con una comparación con los 27 países miembros de la Unión Europea, a los que añadiremos Islandia y Noruega, pues, a pesar de no ser miembros de la UE, pertenecen a la EFTA (European Free Trade Association) y sobre ellos disponemos de datos actualizados.

Todas las cifras de este estudio están expresadas en millones de euros.

En el Anexo I se pueden consultar las tablas de información correspondientes a cada uno de los análisis que se van realizando a lo largo del estudio.

El Anexo II contiene la información correspondiente a la metodología de la Educación Pública, la conocida como COFOG, por sus siglas en inglés, *Classification of the Functions of Government* (traducido al español sería la Clasificación de las Funciones del Gobierno). Se trata de una metodología estándar desarrollada por la Organización para la Cooperación y el Desarrollo Económicos (OCDE) y adoptada por Naciones Unidas para categorizar las actividades de gasto del sector público. Esta clasificación permite una comparación consistente y detallada de los gastos gubernamentales entre diferentes países y períodos, facilitando el análisis y la elaboración de políticas públicas.

En el Anexo III se pueden consultar los datos correspondientes al origen de la información sobre Educación Privada, que se ha obtenido de las estadísticas de gasto en educación de los hogares europeos que facilita Eurostat.

1. Educación Pública

1.1. Educación Preprimaria y Primaria en España

La Educación Preprimaria y Primaria Pública en España ha estado muy ligada al crecimiento del Gasto Público, si bien, al analizarla en profundidad comprobamos que no ha sido tratada de la misma manera por los diferentes gobiernos de nuestro país.

En el año 2001, se cerró el ejercicio con un gasto total dedicado al área de Educación de 10.683 M€. En el año 2022 supuso un gasto corriente de 22.484 M€ con lo que, aparentemente, el crecimiento ha sido de un volumen importante al incrementarse esta partida en un 129,5%.

Ahora bien, si nos detenemos en el crecimiento del Gasto Público, constatamos que éste aumenta un 136,9% al pasar de 269.274 M€ a 637.831 M€.

En el gráfico inferior, podemos observar que el gasto en Educación Preprimaria y Primaria crece de manera sostenida hasta el año 2009, con 19.246 M€ dedicados a esta partida ese año, momento en el que la crisis financiera mundial llega a España en forma de crisis inmobiliaria. Como consecuencia de ésta, las Cajas de Ahorro tienen que ser salvadas para evitar la quiebra del sistema financiero y la destrucción de millones de puestos de trabajo por la desaparición de miles de pequeñas y medianas empresas.

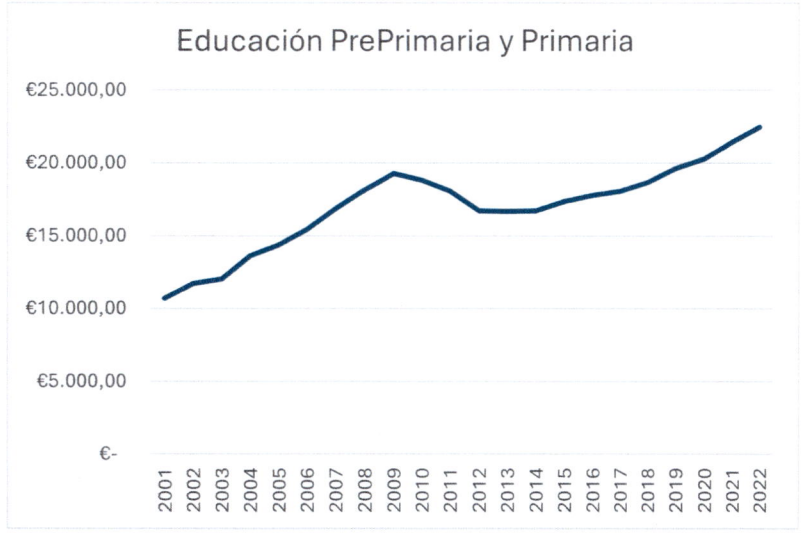

En los años 2010, 2011, 2012 y 2013, el gasto público dedicado a esta partida decrece hasta los 16.657 M€, lo que supone una bajada del 13,5% en estos cuatro años.

Esto implica que, si en el año 2000 este nivel educativo representaba el 3,9% del Gasto Público, en el 2012 pasó a representar el 3,3%, para volver a recuperarse hasta el 3,5% en el 2013.

A partir del año 2013, las cifras de esfuerzo económico se recuperan hasta llegar a 2022, donde alcanzan los 22.484 M€. El porcentaje del Gasto Público dedicado a este nivel educativo subió hasta el 3,8% en el año 2017, sin embargo, desde ese año hasta 2022 no ha parado de caer hasta representar el 3,5%.

Existe la creencia generalizada de que los gobiernos socialistas son los que realmente hacen esfuerzos en la educación pública. Si analizamos lo ocurrido bajo sus mandatos en nuestro país en este nivel educativo observamos que sucede justo lol contrario.

Esta afirmación, que no deja de ser sorprendente, surge del análisis de la tabla que se muestra a continuación:

	2001	2003	2011	2017	2022	% var. Vs 2001
Educación Preprimaria y Primaria	10.683 €	12.035 €	18.061 €	18.053 €	22.484 €	**110,5%**
% variación sobre período anterior		**12,7%**	**50,1%**	**0,0%**	**24,5%**	
Gasto Público	269.274 €	307.871 €	490.976 €	480.265 €	637.831 €	**136,9%**
% variación sobre período anterior		**14,3%**	**59,5%**	**-2,2%**	**32,8%**	

Podemos observar que en el período comprendido entre los años 2001 y 2003, durante el mandato del presidente D. José M.ª Aznar, el gasto dedicado a la Educación Preprimaria y Primaria creció un 12,7% pasando de 10.683 M€ a 12.035 M€, mientras que el Gasto Público lo hizo un 14,3%, es decir, el esfuerzo en este nivel educativo fue menor que en otros tipos de gasto en 1,6 puntos porcentuales.

En el período del presidente D. José Luis Rodríguez Zapatero, el gasto creció en sus ocho años de gobierno un 50,1%, si bien el Gasto Público lo hizo mucho más, hasta llegar a un 59,5%. Esto implica que el esfuerzo dedicado a esta partida educativa es 9,4 puntos porcentuales menos.

En el mandato del presidente D. Mariano Rajoy, el gasto en este nivel se mantuvo constante y no creció, mientras que el Gasto Público decreció un 2,2%, siendo el único presidente que bajó el Gasto Público de 490.976 M€ a 480.265 M€. Esto significa que, en realidad, se dedicó un esfuerzo de 2,2 puntos porcentuales más a la Educación Primaria.

Por último, durante el mandato del presidente D. Pedro Sánchez, el gasto dedicado a Educación Preprimaria y Primaria ha crecido un 24,5% en sus 5 años de gestión (que en realidad son 4,5 años), pero el Gasto Público se ha incrementado en un 32,8%, lo cual lleva a que el esfuerzo dedicado a este nivel educativo sea 8,3 puntos porcentuales menor que a otras áreas en nuestro país.

Como primera conclusión de lo sucedido en estos años, se puede afirmar que la Educación Preprimaria y Primaria en el área pública crece mucho menos que el gasto público, ya que ha pasado de suponer un 3,9% del gasto total del país a un 3,5%. La caída de peso más fuerte ha tenido lugar durante los gobiernos de D. José Luis Rodríguez Zapatero y D. Pedro Sánchez, con más de 8 puntos en ambos casos.

1.2. Educación Preprimaria y Primaria en la Unión Europea

Los datos de la Unión Europea analizados abarcan desde 2001 hasta 2022. Su análisis es posible gracias a los esfuerzos realizados por los actuales miembros de la Unión Europea para adaptar sus Contabilidades Nacionales. No debemos olvidar que desde el 2004 se han incorporado a la Unión Europa 13 países, 11 de los cuales proceden del antiguo Telón de Acero, además de Chipre y Malta, y que se ha producido una salida, la del Reino Unido.

En el año 2001, los actuales 27 miembros de la Unión Europea dedicaron 124.487,5 millones de euros a la Educación Preprimaria y Primaria, siendo los cinco primeros Alemania (22.928 M€), Francia (22.088 M€), Italia (20.891 M€), España (10.683 M€) y Suecia (9.624,50 M€).

Eslovaquia (128 M€), Bulgaria (81,6 M€) y Malta (59,3 M€) ocupan las tres últimas posiciones.

Los cinco primeros países suman 86.214.5 M€ lo que representa el 69,3% del total del gasto en Educación PP&P (Preprimaria y Primaria) de la UE. (Ver Anexo Tabla 1).

El Gasto Público en el año 2001 sumó 3.893.930,2 M€ (3,89 billones de €) y, por lo tanto, la Educación PP&P representó el 3,2% del total del Gasto Público.

Los cinco países que más Gasto Público dedicaron a la Educación PP&P fueron Islandia y Suecia con un 6,8%, seguidos por Estonia con un 6,6%, Dinamarca con un 5,8% y Portugal con un 5,5%.

Hay 18 países por encima de la media del 3,2%. De las cuatro potencias de la Unión Europea, España ocupa el puesto 13 con un 4,0%, Italia la posición 18 con un 3,4%, Francia el puesto 22 con un 2,7% y Alemania la posición 26 con un 2,2%.

Los tres últimos países son Chequia con un 2,0%, Bulgaria con un 1,3% y Eslovaquia con un 1,2%. (Ver Anexo Tabla 2).

El PIB de los 27 países de la UE ascendió a un total de 8.242.012,20 M€ (8,24 Billones de €) en 2001, lo que significó que a la Educación PP&P se destinó un 1,5% del PIB de aquel año.

Los cinco países que más dedicaron a Educación PP&E en relación con su PIB fueron Suecia con un 3,6%, Islandia con un 3,2%, Dinamarca con un 3,1%, Hungría con un 2,5% y Portugal con un 2,4%.

De los 29 países analizados, 16 superaron o igualaron la media.

De los cuatro grandes, Italia se colocó en la posición 13, con un 1,3%, seguida por España en la posición 15 con un 1,5%, Francia en el puesto 17 con un 1,4% (por debajo de la media de la UE) y Alemania en el puesto 25 con un 1,1% del PIB dedicado a este tipo de educación.

Las tres últimas posiciones las ocupan Chequia con un 0,9%, Eslovaquia con un 0,5% y Bulgaria también con un 0,5%. (Ver Anexo Tabla 3).

La situación, 22 años después, queda de la siguiente forma:

	2001	2022	% Incremento
Educación PP&P	124.487,50 €	254.033,40 €	104,1%
Gasto Público	3.893.930,20 €	7.916.270,10 €	103,3%
PIB Nominal	8.242.013,20 €	15.911.126,00 €	93,0%

El gasto total en Educación PP&P en estos 22 años ha crecido un 104,1%, mientras que el Gasto Público se ha incrementado en la Unión Europea ligeramente por debajo del 103,3% y el PIB Nominal, a precios corrientes, lo ha hecho bastante menos, limitándose a un 93%. Esto muestra que los gobiernos de los países miembros de la UE han optado por una orientación a la partida de este gasto educativo superior al incremento del gasto público total, incluso superior en 11,1 puntos porcentuales respecto al crecimiento del PIB en términos corrientes.

En cuanto al gasto en Educación PP&P en 2022, los cinco primeros países siguen siendo los mismos en cuanto a valor absoluto: Alemania dedicó 55.913 M€, Francia 36.874 M€, Italia 29.051 M€, España 22.484 M€ y Suecia 21.916 M€.

Entre estos 5 países sumaron 166.238 M€, lo que representa el 65,4% del gasto total de la Unión Europa. Si lo comparamos con 2001, observamos que estos cinco grandes países en Educación PP&P perdieron peso, ya que en aquel año su porcentaje representaba el 69,3%.

Por la parte baja de la tabla, Eslovaquia deja de estar entre los tres últimos (asciende hasta la posición 20), al igual que Chequia. Son sustituidos por Chipre, con 474 M€, y Malta, con un 211 M€, acompañados por Bulgaria, con 660 M€. (Ver Anexo Tabla 4).

El Gasto Público en Educación PP&P creció en este período un 104,1% pasando de los 104.487 M€ a los 254.033 M€. Obviamente, el crecimiento por países no fue lineal. Los cinco países que más crecieron procedían de la zona de control de la antigua Unión Soviética. El mayor crecimiento se produjo en Eslovaquia con una subida del 1.023,2%, seguido de Bulgaria con un 708,8%, Letonia con un 454,3%, Estonia con un 424,8% y Chequia con un 417,1%.

En total hay 23 países que crecieron por encima de la media del 104,1%. Dentro del grupo de los grandes países miembros, Alemania fue la que más creció con un incremento del 143,9%, que la sitúa en la posición 15 de los 29 países. Le sigue en el puesto 20 España con un crecimiento del 110,5%, Francia con un 66,9% (inferior a la media de la UE) ocupa el puesto 25 e Italia, el peor de todos, tuvo un crecimiento del 39,1%, situándose en el puesto 27 solo por delante de Hungría con un crecimiento del 16,4% y de Portugal que creció un 15,9%. (Ver Anexo Tabla 5).

El Gasto Público, como ya hemos visto, creció un 103,3% y el esfuerzo en la Educación PP&P se fue hasta el 3,2%, exactamente el mismo que en 2001.

Hay cambios importantes entre los cinco países que más dedican a Educación PP&P: desaparece Portugal y entra Croacia, además de producirse cambios en las posiciones. Suecia repite en primer lugar con un 8,2% de su gasto dedicado a Educación PP&P; a continuación se halla Islandia, en la misma posición que en 2001, con un 6,8%, el mismo porcentaje que le dedicaba en 2001; en tercer lugar entra Estonia, con un 5,9%, seguida de Croacia, con un 5,6%, lo mismo que Dinamarca, que sube una décima respecto a 2001.

Hay 16 países por encima de la media del 3,2% en 2022. De los grandes de la UE, España pierde tres posiciones y ocupa el puesto 16, con una dedicación del 3,5%, Alemania sube del puesto 26 al 19, al dedicar un 2,9%; Italia cae hasta el puesto 23 (pierde cinco posiciones) y dedica a este capítulo el 2,6% del gasto total. Por último, Francia desciende hasta el puesto 24 (pierde dos posiciones) y dedica un 2,4% de su gasto público total.

Los tres últimos países de la Unión Europea que dedican un menor porcentaje de su gasto a este nivel educativo son Hungría con un 2,1% y Rumanía y Bulgaria con un 1,9%. (Ver Anexo Tabla 6).

El PIB, como ya hemos apuntado, creció un 93,0% y el esfuerzo en la Educación PP&P se fue hasta el 1,6% del PIB%, subiendo una décima en comparación con 2001.

Los cinco países que más dedicaron a Educación PP&E sobre el PIB fueron Suecia con un 4,0%, incrementando su aportación en 6 décimas, Islandia con un 3,2% (tuvo la misma cifra que en 2001), Dinamarca con un 2,5%

(baja 6 décimas), Croacia con un 2,5% y Estonia, que también es nueva en el Top5, con un 2,4%. Desaparecen de estas posiciones Hungría y Portugal.

De los 29 países, 14 superaron o igualaron la media de la Unión Europea.

De los cuatro grandes, España recuperó dos puestos y se colocó en la posición 13, superando a Italia con un 1,7% del PIB; Italia cae a la posición 17 (retrocede cuatro puestos) y dedica el 1,5% del PIB; Alemania sube siete puestos y se coloca en la posición 18, con un 1,4% del PIB; y Francia se sitúa en el puesto 19, tras perder dos puestos y dedica un 1,5% del PIB a la Educación PP&P. Las tres últimas posiciones son para Hungría, Rumanía y Bulgaria, con un 1,0% la primera y un 0,8% las otras dos. (Ver Anexo Tabla 7).

Para entender mejor qué ha pasado en estos 22 años y qué ha hecho España en el contexto de la Unión Europea se ha elaborado la siguiente tabla:

	España	Unión Europea
2001 Gastos Educación PP&P	10.683,00 €	124.487,50 €
2022 Gastos Educación PP&P	22.484,00 €	254.033,40 €
% Crecimiento	110%	104%
Posición de España en el crecimiento	20	
2001 Porcentaje Educación PP&P sobre Gasto Público	4,0%	3,2%
2022 Porcentaje Educación PP&P sobre Gasto Público	3,5%	3,2%
2001 Posición	13	
2022 Posición	16	
2001 Porcentaje Educación PP&P sobre PIB	1,5%	1,5%
2022 Porcentaje Educación PP&P sobre PIB	1,7%	1,6%
2001 Posición	15	
2022 Posición	13	

Como ya hemos indicado, el crecimiento del gasto para Educación PP&P es de un 110%, 6 puntos porcentuales más que la media de la Unión Europea, pero a pesar de ello España ocupa la posición número 20 entre los 29 países analizados. Algo similar sucede con el porcentaje del Gasto Público dedicado a este tipo de Educación: en el 2001 supuso un 4,0% cuando la media de la UE era de un 3,2% y España ocupaba la posición 13. Sin embargo, en 2022, el porcentaje dedicado a esta función cae al 3,5% y España retrocede a la posición 15.

Si miramos el porcentaje del PIB dedicado a este nivel educativo nos encontramos con resultados similares, España dedicaba un 1,5% del PIB (lo mismo que la media de la UE), lo que nos colocaba en la posición 15, mientras que en 2022 destina una décima más que la media, lo que lleva a España a subir a la posición 13.

Está claro que la Educación Preprimaria y Primaria Pública en España no destaca en el análisis comparativo con los países del Unión Europea, pues siempre ocupamos la zona media en todas las tablas.

1.3. Educación Secundaria y Formación Profesional en España

El crecimiento de la partida de Educación Secundaria y la Formación Profesional (Educación S&FP), al igual que sucede con la de Educación Preprimaria y Primaria (Educación PP&P), está totalmente relacionado con el aumento del Gasto Público. Ahora bien, cada uno de los Gobiernos que ha tenido España la ha tratado de una forma completamente diferente. El incremento del Gasto Público total no siempre ha ido acompañado del mismo crecimiento en esta partida.

En el año 2000, el gasto total dedicado a la Educación S&FP fue de 10.241 M€. En el año 2022, el esfuerzo económico destinado a esta área educativa supuso un gasto corriente de 22.515 M€. Así pues, el crecimiento en el período analizado ha sido de un 119,9%.

Como ya hemos apuntado, el incremento del del Gasto Público fue de un 151,8%, al pasar de 253.353 M€ a 637.831 M€.

En el gráfico inferior, podemos ver que el gasto en Educación S&FP crece de manera sostenida hasta el año 2009, cuando alcanza los 18.122 millones de euros. Aquí ya observamos que esta partida es inferior a la de la Educación PP&P. Este cambio de tendencia se produce en el año 2003, cuando a la Educación PP&P se le asignan 13.622 M€ y a la Educación S&FP 13.237 M€.

En los años 2010, 2011, 2012 y 2013, el gasto público dedicado a esta partida decreció desde los 17.691 millones a los 15.635 millones de euros, que supone una bajada del 11,6% en estos cuatro años. Esto implica pasar de representar un 4,0% del Gasto Público en el año 2001, a representar un 3,5% en 2011.

A partir del año 2013 las cifras de esfuerzo económico vuelven a ascender hasta llegar en el año 2022 a los 22.515 M€. Aunque el porcentaje de Gasto Público dedicado a esta educación vuelve a subir, llegando en 2017 a un 3,7%, a partir de entonces, si bien en valor absoluto continúa al alza, se estabiliza en un 3,5% desde 2020.

En el caso de la Educación S&FP, no pasa exactamente lo mismo que en la Educación PP&P, pues sólo hay un gobierno que destina más recursos a la Educación S&FP, que los que corresponden al incremento del Gasto Público en general. Si hay una enorme desproporción entre los recursos que dedican los gobiernos de izquierda al Gasto Público y los destinados este nivel educativo.

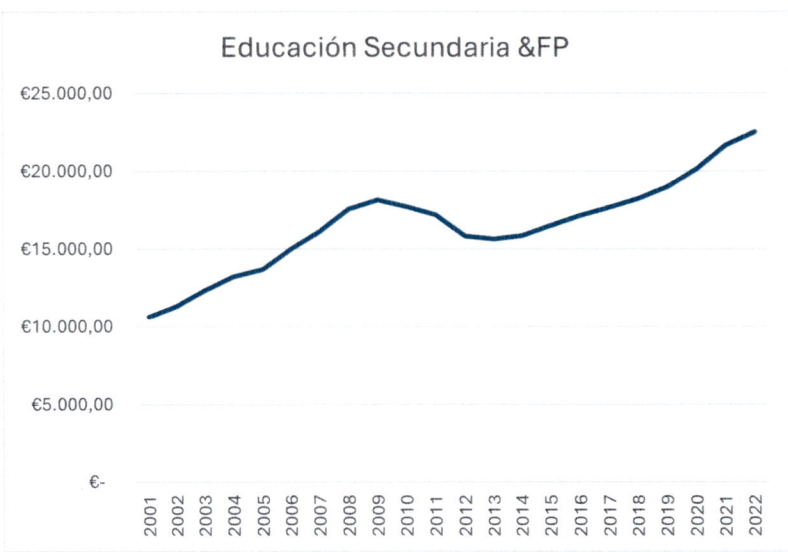

Educación Secundaria &FP

En la siguiente tabla podemos observar qué ha ocurrido en el período comprendido entre 2001 y 2022 durante el mandato de los respectivos gobiernos.

	2001	2003	2011	2017	2022	% var. Vs 2001
Educación Secundaria y FP	10.642€	12.322€	17.173€	17.670€	22.515€	**111,6%**
% variación sobre período anterior		15,8%	39,4%	2,9%	27,4%	
Gasto Público	269.274€	307.871€	490.976€	480.265€	637.831€	**136,9%**
% variación sobre período anterior		14,3%	59,5%	-2,2%	32,8%	

Durante el mandato del presidente D. José M.ª Aznar, el gasto dedicado a la Educación S&FP creció un 15,8% pasando de 10.642 M€ a 12.322 M€, mientras que el Gasto Público lo hizo un 14,3%, es decir, lo gastado en este nivel educativo fue superior en 1,5 puntos porcentuales a lo que se dedicó al total del Gasto Público.

En el período del presidente D. José Luis Rodríguez Zapatero, el gasto creció en los ocho años un 39,4%, si bien el Gasto Público lo hizo mucho más, hasta llegar a un 59,5%. Por tanto, la diferencia de peso implica que el esfuerzo dedicado a esta partida educativa es 20,1 puntos porcentuales menos.

En el período de mandato del presidente D. Mariano Rajoy, el gasto dedicado a esta partida educativa creció un 2,9%, mientras que el Gasto Público se redujo un 2,2%, siendo el único presidente durante cuyo mandato descendió el Gasto Público. Por tanto, en realidad el esfuerzo aumentó en 5,1 puntos porcentuales en esta partida.

Por último, durante el mandato del presidente D. Pedro Sánchez, el Gasto en Educación S&FP ha crecido un 27,4%. El Gasto Público lo ha hecho en un 32,8%, lo que conlleva que el esfuerzo dedicado a la secundaria y a la FP sea 5,4 puntos porcentuales menor que a otros gastos.

En definitiva, los dos gobiernos de derechas dedicaron más a la Educación S&FP que lo que subió el Gasto Público, pero los gobiernos de izquierdas asignaron los recursos públicos mucho más a otros temas y actividades.

Como conclusión de lo sucedido en estos años, la Educación Secundaria y la Formación Profesional pagada con recursos públicos crece mucho menos que el gasto público (25,3 puntos porcentuales). Por lo tanto, ha pasado de suponer un 4,0% del gasto total del país a un 3,5% y con un comportamiento análogo de todos los gobernantes.

1.4. Educación Secundaria y Formación Profesional en la Unión Europea

De la misma manera que acometimos el análisis de la Educación PP&P, en este punto vamos a examinar los datos de los actuales países miembros de la Unión Europea, más Islandia y Noruega, revisando la información facilitada tras el esfuerzo realizado para adaptar sus Contabilidades Nacionales.

En el año 2001, con los datos de Eurostat, los actuales 27 miembros dedicaron 166.441,40 millones de euros a la Educación Secundaria y Formación Profesional siendo los cinco primeros Alemania (40.975 M€), Francia, (40.702 M€), Italia (27.878 M€), España(10.642 M€) y Países Bajos (8.502 M€).

Letonia (193 M€), Estonia (15,6 M€) y Malta (100,3 M€) ocupaban las tres últimas posiciones.

Los cinco primeros países sumaban 128.699 M€ y representaban el 77,3% del total del gasto en Educación S&FP de la UE. (Ver Anexo **Tabla 8**).

El Gasto Público en el año 2001 sumó 3.893.930,2 M€ (3,89 billones de €) y, por lo tanto, la Educación S&FP representó el 4,3% del total del gasto Público.

Los cinco países que más recursos dedicaron a la Educación S&FP fueron Lituania con un 9,4%, Estonia con un 6,2%, Letonia con un 5,9 %, Eslovenia con un 5,4% y Finlandia con un 5,3%.

En total hay 17 países por encima de la media del 4,3%. De los cuatro grandes de la Unión Europea, Francia ocupa el puesto 10 con un 5.0 %, Italia la posición 15 con un 4,5 %, y Alemania y España empatan en el puesto 21 con un 4,0%.

Los tres últimos países son Croacia con un 2,1%, Eslovaquia con un 1,9% y Hungría con un 1,2%. (Ver Anexo **Tabla 9**).

El PIB de los 27 países de la UE sumó en 2001 un total de 8.242.012,20 M€ (8,24 Billones de €), lo que significó que a Educación S&FP se dedicó un 2,0% del PIB de aquel año.

Los cinco países que más dedicaron a Educación S&FP fueron Lituania con un 3,5%, Francia y Eslovenia con un 2,6% y Finlandia e Islandia con un 2,5%.

En total, de los 29 países analizados, 14 países superaron o igualaron la media.

De los cuatro grandes, Francia se coloca en el segundo puesto con un 2,5%, le sigue Italia en la posición 10, con un 2,1%, Alemania en el puesto 16 con un 1,9% y la última posición de los grandes la ocupa España en el puesto 22, con un 1,5%, muy por debajo de la media de la UE.

Las tres últimas posiciones estaban ocupadas por Croacia con un 1,1%, Eslovaquia con un 0,9% y Hungría con un 0,6%. (Ver Anexo Tabla 10).

La situación, 22 años después, queda de la siguiente forma:

	2001	2022	% Incremento
Educación S&FP	166.441,40 €	279.754,10 €	68,1%
Gasto Público	3.893.930,20 €	7.916.270,10 €	103,3%
PIB Nominal	8.242.013,20 €	15.911.126,00 €	93,0%

El gasto total en Educación S&FP en estos 22 años creció un 68,1%, mientras que el Gasto Público aumentó en la Unión Europea un 103,3% y el PIB Nominal o a precios corrientes lo ha hecho en un 93%, lo cual muestra que los países miembros de la UE han dedicado mucho menos recursos y esfuerzos económicos a la Educación S&FP que el crecimiento del PIB y el de los Gastos Públicos.

En cuanto al gasto en Educación S&FP, los cinco primeros países siguen siendo los mismos en cuanto a valor absoluto dedicado a este tipo de Educación y así, en el año 2022, Alemania destinó a Educación S&FP 64.668 M€, Francia 59.365 M€, Italia 36.346 M€, España 22.515 M€ y Países Bajos 19.203 M€.

Entre estos cinco países sumaron 202.097 M€, representando el72.2% del conjunto de la Unión Europea. Si lo comparamos con 2001, observamos cómo este bloque de países ha perdido peso ya que su porcentaje representaba el 77,3% en aquel año.

Los tres últimos países en importes en valor absoluto dedicado a la Educación S&FP son Chipre con 483,4 M€, Letonia con 478,5 M€ y Malta con 275 M€. (Ver Anexo Tabla 11).

La Educación S&FP creció en este período un 68,1% pasando de los 166.441,4 M€ a los 279.754,1 M€, pero el crecimiento por países, obviamente, no fue lineal. Los cinco países que más crecieron procedían del otro lado del Telón de Acero. De este modo, Eslovaquia se sitúa en primer lugar, con un incremento del 701,6% seguido de Hungría, con un 612%, de Bulgaria, con un 516,8%, de Rumanía, con un 466,4% y de Estonia, con un 297,1%.

En total hay 21 países que crecieron por encima de la media del 68,1%. Entre los grandes, el primero en aparecer es España, con un crecimiento del 110,5%, ocupando el puesto 16, siendo el único de estos países que crece por encima de la media, y le sigue Alemania con un crecimiento del 57,8% (situándose en el puesto 23). Francia, con un crecimiento del 45,9%, e Italia, con solo un 30,4%, ocupan las posiciones 26 y 28, respectivamente, de 29 países examinados. (Ver Anexo Tabla 12).

El Gasto Público, como ya hemos visto, creció un 103,3% y el esfuerzo en la Educación S&FP se fue hasta el 3,5% en 2022, muy por debajo del 4,3% que se obtuvo en 2001.

De entre los cinco países que más dedican a Educación S&FP, hay cambios importantes entre 2001 y 2022. Desaparecen cuatro de los cinco que ocupaban los primeros puestos y sólo permanece Lituania, que sigue siendo el país que más dedica a esta partida con un 5,5%. En segunda posición se coloca Chequia, con un 5,1%, en tercer lugar, Bulgaria, con un 4,9%; seguida de Irlanda, con un 4,6%, mismo porcentaje que Países Bajos.

Hay 17 países por encima de la media del 3,5%. De los grandes de la UE, Francia, que destina un 3,8% del gato público total se sitúa en el puesto 14 (pierde cuatro posiciones), le sigue España que asciende cuatro puestos hasta la posición 18, con una dedicación del 3,5%; Alemania sube del puesto 21 al 19 y dedica un 3,4 % e Italia cae seis posiciones hasta el puesto 21, destina a este capítulo de gasto el 3,3% del gasto total.

Las tres últimas posiciones las ocupan Suecia con un 2,1% y Croacia y Polonia con un 2,0%. (Ver Anexo Tabla 13).

El PIB, como ya hemos visto, creció un 93,0% y el esfuerzo en la Educación S&FP se fue hasta el 1,8% del PIB, bajando dos décimas en comparación con 2001.

Los cinco países que más dedicaron a Educación S&FP sobre el PIB fueron Finlandia, que con un 2,4% redujo el peso de la Educación S&FP en una décima; en segundo lugar, Bélgica, con un 2,4% quedando igual que en 2001; el tercer lugar fue para Chequia con un 2,3% del PIB, subiendo dos décimas y escalando del puesto 11 al tercero; en cuarto lugar, Francia, con un 2,2% y reduciendo en cuatro décimas el peso sobre el PIB; y en quinto lugar Islandia con un 2,1 y reduciendo también en cuatro décimas su esfuerzo.

De los 29 países, 12 superaron o igualaron la media de la Unión Europea.

De los cuatro grandes, Francia, como hemos visto, dedica un 2,2% del PIB a la Educación S&FP y pasa de la segunda a la cuarta posición; Italia dedica un 1,9% y pierde un puesto y cae a la posición 11; España, con un 1,7% del PIB, recupera 8 puestos y se coloca en la posición 14; Alemania, con el mismo porcentaje que España, pierde 1 puesto y se coloca en la posición 17; y Francia, con un 1,5%, desciende dos puestos hasta el 19.

Las tres últimas posiciones son para Croacia y Polonia, ambas con un 0,9%, y Noruega con un 0,8%. (Ver Anexo Tabla 14).

Para comprender mejor lo sucedido en estos 22 años hemos elaborado la siguiente tabla en la que podremos apreciar de forma más sencilla qué ha hecho España en el contexto de la Unión Europea:

	España	Unión Europea
2001 Gastos Educación S&FP	10.642,00 €	166.441,40 €
2022 Gastos Educación S&FP	22.515,00 €	279.754,10 €
% Crecimiento	112%	68%
Posición de España en el crecimiento	16	
2001 Porcentaje Educación S&FP sobre Gasto Público	4,0%	4,3%
2022 Porcentaje Educación S&FP sobre Gasto Público	3,5%	3,5%
2001 Posición	22	
2022 Posición	18	
2001 Porcentaje Educación S&FP sobre PIB	1,5%	2,0%
2022 Porcentaje Educación S&FPsobre PIB	1,7%	1,8%
2001 Posición	22	
2022 Posición	14	

Como ya hemos comentado, el crecimiento en España para Educación S&FP es de 111,6%, 42 puntos porcentuales más que la media de la Unión Europea, pero a pesar de ello España ocupa la posición número 16 entre los 29 países que estamos analizando.

Algo similar ocurre con el porcentaje del Gasto Público dedicado a este nivel educativo: en el 2001 supuso un 4,0%, cuando la media de la UE era de un 4,3%, lo que situaba a España en la posición 22. En 2022, este porcentaje desciende hasta el 3,5%, similar al de la media de la Unión Europea, lo que permite a España escalar hasta la posición 18.

Si comparamos los porcentajes del PIB dedicados a este nivel educativo nos encontramos con resultados similares. España destinaba un 1,5% del PIB cuando la media de la UE se situaba en el 2%, lo que nos colocaba en la posición 22, mientras que en el 2022, España dedica una décima menos que la media, pero ascendemos hasta la posición 14.

Está claro que en la Educación Secundaria y la Formación Profesional, España no destaca en el análisis comparativo con los países del Unión Europea, pues siempre ocupamos la zona media en todas las tablas.

1.5. Educación Universitaria en España

La Educación Universitaria pública, al igual que la Educación Preprimaria y Primaria y la Educación Secundaria y la Formación Profesional, es una partida muy ligada al crecimiento del Gasto Público, aunque probablemente ha sido la más alejada de los intereses directos de los distintos gobiernos de España. Esta afirmación se puede constatar cuando abordemos el crecimiento y el peso sobre el Gasto Público y sobre el PIB. Veremos, además, que es la peor colocada al compararla con el resto de los países de la Unión Europea. Sin duda aquí se halla uno de los motivos más claros del auge de las Universidades Privadas en España, que cada día tienen más peso.

En el año 2001, la Educación Universitaria terminó con un gasto total de 4.781 M€. En el año 2022, el esfuerzo económico dedicado a esta disciplina supuso un gasto corriente de 8.155 M€, con lo cual el crecimiento ha sido de un 70,6%.

Ya hemos visto en apartados anteriores que el crecimiento del Gasto Público en el período analizado fue de un 136,9%. Esto implica que el peso de la Educación Universitaria sobre el total del Gasto Público es mucho menor que el dedicado a la Preprimaria y Primaria, que creció en un 110,5%, y a la Secundaria y Formación Profesional que creció en un 111,6%.

En el gráfico inferior podemos observar que el gasto en Educación Universitaria crece de manera sostenida hasta el año 2004, cuando llega a los 5.680 M€. En el 2005 sufre una bajada del 2,8%, recuperándose en los años siguientes hasta el año 2009, momento en que la tendencia vuelve a bajar y se mantiene en este sentido hasta el 2013.

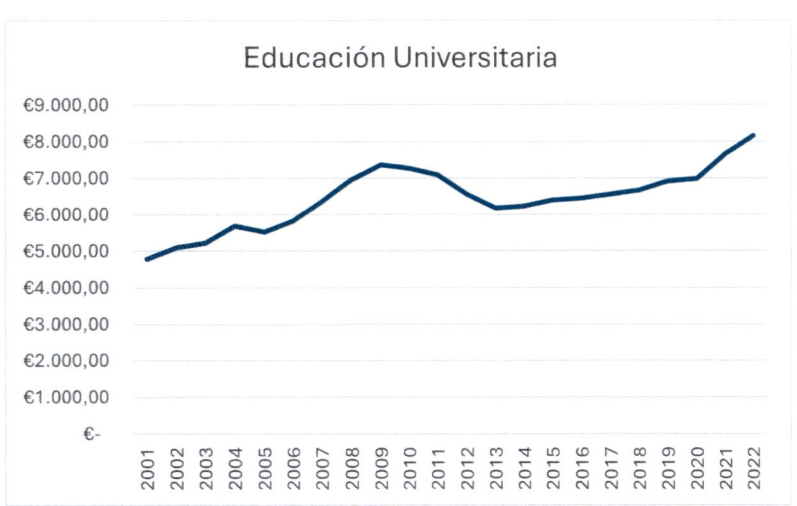

En el 2009, la cifra de esfuerzo económico es de 7.634 M€, para caer en 2013 hasta los 6.173 M€. Esto supone un descenso del 16,3% de total del dinero dedicado a Educación Universitaria, porcentaje muy superior al que sufren la Preprimaria y Primaria y la Secundaria y FP en ese mismo período. A partir de 2013, el gasto público dedicado a esta partida retoma la senda ascendente hasta los 8.155 M€ alcanzados en 2022.

Si analizamos estas cifras en relación con el Gasto Público, observamos que este nivel educativo representa en el año 2001 un 1,8% del total del Gasto Público y una década más tarde ha descendido hasta el 1,4%. Así se mantiene hasta el 2019, cuando vuelve a caer una décima. En 2020, llega a bajar hasta el 1,2%, para recuperar en 2021 el 1,3% y mantenerse en ese porcentaje hasta la actualidad.

El tratamiento de la Educación Universitaria ha sido de un claro abandono por parte de todos los gobiernos del siglo XXI, como vamos a ver a continuación.

Podemos observar que en el período de 2001 a 2003, durante la presidencia de D. José M.ª Aznar, el gasto dedicado a la Educación Universitaria creció un 9,1%, pasando de 4.781 M€ a 5.217 M€, mientras que el Gasto Público lo hizo un 14,3%, es decir, el esfuerzo a este tipo de educación fue inferior en 5,2 puntos porcentuales a lo que se dedicó al total del Gasto Público.

	2001	2003	2011	2017	2022	% var. Vs 2001
Educación Universitaria	4.781 €	5.217 €	7.090 €	6.549 €	8.155 €	70,6%
% variación sobre período anterior		9,1%	35,9%	-7,6%	24,5%	
Gasto Público	269.274 €	307.871 €	490.976 €	480.265 €	637.831 €	136,9%
% variación sobre período anterior		14,3%	59,5%	-2,2%	32,8%	

En el período del presidente D. José Luis Rodríguez Zapatero, el gasto dedicado a este nivel educativo creció un 35,9%, si bien el Gasto Público lo hizo mucho más hasta llegar a un 59,5%, lo que implica que el esfuerzo dedicado a esta partida educativa fue 23,6 puntos porcentuales menos.

Durante la presidencia de D. Mariano Rajoy, el gasto a esta partida educativa decreció un 7,7%, mientras que el Gasto Público también decreció, pero un 2,2% y, aunque como ya hemos indicado es el único que baja el Gasto Público en el caso de la Educación Universitaria, el esfuerzo económico es superior a la reducción del gasto en 5,4 puntos porcentuales.

Por último, durante el mandato del presidente D. Pedro Sánchez, el Gasto Público dedicado a Educación Universitaria ha crecido un 24,5%, pero el Gasto Público lo ha hecho en un 32,8%, lo cual lleva a que el esfuerzo destinado a esta educación haya sido 8,3 puntos porcentuales menor que a otros esfuerzos en nuestro país.

En definitiva, NO hay ni un solo gobierno que durante este siglo haya dedicado un mayor esfuerzo económico a la Educación Universitaria que a subir el Gasto Público.

Ahora bien, el esfuerzo en Educación Universitaria, comparado con el esfuerzo en Gasto Público, sigue siendo favorable a los gobiernos de la derecha si lo relacionamos con el dedicado por los gobiernos de izquierda, los cuales asignan los recursos públicos mucho más a otros temas y actividades.

Como conclusión, en estos 23 años la Educación Universitaria pagada con recursos públicos crece mucho menos que el gasto público: unos 72,9 puntos porcentuales menos.

1.6. Educación Universitaria en la Unión Europea

Al igual que hicimos con la Educación PP&P y la Educación S&FP, vamos a analizar los datos para la Unión Europea entre los años 2001 y 2022.

En el año 2001 y con los datos de Eurostat, los actuales 27 miembros dedicaron 64.024,8 millones de euros a la Educación Universitaria siendo los cinco primeros: Alemania (18.497 M€), Francia (8.595 M€), Países Bajos (6.216 M€), España (4.781 M€) e Italia (4.649 M€).

Chipre (85.9 M€), Malta (40,5 M€) y Luxemburgo (20,9 M€) ocupan las tres últimas posiciones.

Los cinco primeros países suman 41.738 M€ y representan el 65,2% del total del gasto en Educación Universitaria de la UE. (Ver Anexo Tabla 15).

El Gasto Público en el año 2001 sumó 3.893.930,2 M€ (3,89 billones de €) y, por lo tanto, la Educación Universitaria representó el 1,6% del total del Gasto Público.

Los cinco países que más dedicaron a la Educación Universitaria fueron Estonia (5,0%), Finlandia (4,2%), Letonia (3,3%), Noruega (3,2%) y Polonia (3,1%).

En total hay 23 países por encima de la media del 1,6%. De los cuatro grandes de la Unión Europea, España se sitúa en el puesto 21 con un 1,9%, Alemania ocupa el puesto 23 con un 1,8%, Francia el puesto 27 con un 1,2% e Italia el puesto 28 con un 0,8%.

Los tres últimos países son Francia, Italia y Luxemburgo, éste con un 0,3% del Gasto Público. (Ver Anexo Tabla 16).

El PIB de los 27 países de la UE sumó en 2001 un total de 8.242.012,20 M€ (8,24 Billones de €), lo que significó que a la Educación Universitaria se dedicó un 0,8% del PIB de aquel año.

Los cinco países que más dedicaron a Educación Universitaria fueron Finlandia (2,0%), Estonia (1,8%), Suecia y Croacia (1,5%) y Noruega (1,4%).

En total de los 29 países, 25 países superaron o igualaron la media del 0,8%.

De los cuatro grandes, Alemania se coloca en el puesto 20 con un 0,8%, seguida por España en la posición 26 con un 0,7%, por Francia (puesto 27 con un 0,6%) y por Italia (puesto 28 con un 0,4%), esta última muy por debajo de la media de la UE.

Las tres últimas posiciones corresponden a las ya mencionadas Francia e Italia y Luxemburgo, que ocupaba la última posición con un 0,1% del PIB. (Ver Anexo **Tabla 17**).

La situación, al final del periodo analizado, queda de la siguiente forma:

	2001	2022	% Incremento
Educación Universitaria	64.024,80 €	123.540,30 €	93,0%
Gasto Público	3.893.930,20 €	7.916.270,10 €	103,3%
PIB Nominal	8.242.013,20 €	15.911.126,00 €	93,0%

El gasto total en Educación Universitaria en estos 22 años creció en un 93,0%, mientras que el Gasto Público lo hizo en un 103,3% y el PIB Nominal, o a precios corrientes, lo hizo en un 93%. Se constata, por tanto, que ha habido una caída en cuanto al volumen de recursos que los países miembros de la UE han dedicado a la Educación Universitaria con respecto al crecimiento de los Gastos Públicos.

En Educación Universitaria, hay un cambio sustancial en los países que dedican un mayor número de recursos a este nivel educativo en valores absolutos: Polonia alcanza la quinta posición adelantando a Italia. Así quedarían los cinco primeros países: Alemania (30.641 M€), Francia (17.570 M€), Países Bajos (11.863 M€), España (8.155 M€) y Polonia (7.292,9 M€),

Entre estos cinco países sumaron 75.391,9 M€, lo que representa el 61,0% del total. Se deduce, por tanto, que los cinco grandes en Educación Universitaria Pública perdieron peso con respecto al 2001, año en el que sumaban el 64,5% del total.

Los tres últimos países en importes en valor absoluto dedicados a la Educación Universitaria son: Luxemburgo (343,5 M€), Chipre (255 M€) y Malta (145,5 M€). (Ver Anexo **Tabla 18**).

La Educación Universitaria creció en el período objeto de estudio un 83,9%, pasando de los 64.024,8 M€ a los 123.540,3 M€, pero el crecimiento por países, obviamente, no fue lineal. De los cinco países que más crecieron, ocupa el primer lugar Luxemburgo (con un incremento del 1.274%), seguido por países que provenían de la zona de control de la antigua Unión Soviética: Bulgaria (402,1%), Hungría (310,6%), Rumanía (292,9%) y Lituania (253,4%).

En total hay 20 países que se hallan encima de la media del 83,9%. Hay que señalar que hay un país cuya aportación decrece respecto a 2001, se trata de Portugal que destina un 2,3% menos.

Los cuatro grandes están ubicados de la siguiente manera: Francia ocupa el puesto 20, le sigue Alemania en el puesto 22 con un crecimiento del 68,3%, España en el 24 (60,2%) y, por último, Italia se sitúa en el puesto 28 de 29 países, con solo un incremento del 26,6%.

El único país de los cuatro grandes que crece al mismo nivel que la media comunitaria es Francia y, aun así, ocupa el puesto 20 de 29. (Ver Anexo Tabla 19).

En el año 2022, el Gasto Público creció un 103,3% y el esfuerzo en la Educación Universitaria se fue hasta el 1,6%, una décima menos que el empleado en 2001.

De entre los cinco países que más dedican a la Educación Universitaria, hay cambios importantes respecto a 2001. Así queda la nueva clasificación: Hungría se coloca en primer lugar con un 3,9%, en segunda posición se colocan Finlandia y Dinamarca, ambas con un 3,0%, en cuarto lugar encontramos a los Países Bajos con un 2,8%, mismo porcentaje que el de Islandia.

Hay 22 países por encima de la media del 1,6% de la Unión Europea. De los cuatro grandes, Alemania con un 1,6% de su gasto público total destinado a la Educación Universitaria baja al puesto 22 (pierde dos posiciones), le siguen España que con un 1,3% pierde cinco puestos hasta ocupar el 26 y Francia que tan solo dedica un 1,1% y repite en el puesto 27. Italia es el último país, es decir, el que menos esfuerzo destina a este nivel educativo con solo un 0,6%.

Los tres últimos países de la Unión Europea y que dedican menos porcentaje de su gasto a esta educación son Francia con un 1,1%, Luxemburgo con un 1,0% y en último lugar la ya mencionada Italia. (Ver Anexo Tabla 20).

El PIB, como ya hemos visto, creció un 93,0% en el periodo de tiempo estudiado y el esfuerzo en la Educación Universitaria se mantuvo en el 0,8% del PIB.

Los cinco países que más dedicaron a Educación Universitaria sobre el PIB fueron: Hungría que con un 1,9% aumentó el peso de la Educación Universitaria en seis décimas; el segundo lugar lo ocupa Finlandia con un 1,6%, perdiendo la primera posición y tras haber reducido en cuatro décimas su esfuerzo económico; el tercer lugar recae en Dinamarca con un 1,3% (sube cinco puestos); el cuarto lo ostenta Islandia con un 1,3% del PIB (sube tres puestos, aunque redujo su esfuerzo en una décima) y el quinto lugar es para los Países Bajos con un 1,2% del PIB, subiendo siete puestos, gracias a su incremento de una décima del esfuerzo económico.

De los 29 países analizados, 20 superaron o igualaron la media de la Unión Europea.

De los cuatro grandes, Alemania, con un 0,8%, se coloca en la posición número 19 tras ganar un puesto; Francia sube 4 puestos hasta alcanzar la posición 23 al dedicar un 0,7% del PIB a esta educación; el tercer lugar es para España que se halla en la posición 25 (gana un puesto) con un 0,6% del PIB e Italia mantiene la última posición de los 29 países con solo un esfuerzo del 0,3%.

Las tres últimas posiciones las ocupan: Irlanda (0,5%), Luxemburgo (0,4%) e Italia (0,3%). (Ver Anexo Tabla 21).

Para entender mejor qué ha ocurrido en España en el contexto de la Unión Europea contamos con la siguiente tabla:

	España	Unión Europea
2001 Gastos Educación Universitaria	4.781,00 €	64.024,80 €
2022 Gastos Educación Universitaria	8.155,00 €	123.540,30 €
% Crecimiento	70%	84%
Posición de España en el crecimiento	24	
2001 Porcentaje Educación Universitaria sobre Gasto Público	1,8%	1,7%
2022 Porcentaje Educación Universitaria sobre Gasto Público	1,3%	1,6%
2001 Posición	21	
2022 Posición	26	
2001 Porcentaje Educación Universitaria sobre PIB	0,7%	0,8%
2022 Porcentaje Educación Universitaria sobre PIB	1,3%	0,8%
2001 Posición	26	
2022 Posición	25	

El crecimiento para Educación Universitaria es de un 70%, 14 puntos porcentuales menos que la media de la Unión Europea, por este motivo España ocupa la posición número 24 entre los 29 países que estamos analizando. En cuanto al Gasto Público dedicado a esta materia, pasa del 1,8% en 2001, cuando la UE dedicaba un 1,7%, a dedicar un 1,3% 22 años después, mientras que la media de la UE se sitúa en el 1,6%, lo que implica que pasemos de la posición 21 a la 26 en 2022.

Si miramos qué pasa en este capítulo con respecto al PIB, España en 2001 le dedicaba el 0,7% del PIB, una décima menos que la media de la UE. En 2022, sin embargo, pasa a dedicar un 1,3% (cinco décimas más) lo que solo se traduce en una pequeña subida en el escalafón, pues pasamos del puesto 26 al 25.

Está claro que, en la Educación Universitaria, España se encuentra a la cola de la Unión Europea y no parece que sea sencillo moverse de estas posiciones.

1.7. Total de la Educación Pública en España

La Educación Pública en España es la suma de la Educación Preprimaria y Primaria, la Educación Secundaria y la Formación Profesional, la Educación Universitaria y de otras partidas, como la Educación no reglada o la dedicación de recursos al I+D+i educativo y otras pequeñas partidas no significativas en el total del conjunto de la Educación.

Como hemos ido viendo en los apartados anteriores, la suma total de los recursos dedicados a la Educación está muy ligada al Gasto Público y a su crecimiento. Estos son los parámetros que vamos a utilizar a continuación, para seguidamente compararlos con los del resto de la Unión Europea.

En el año 2001, la Educación Pública terminó con un gasto total de 27.967 millones de euros. En el año 2022, el esfuerzo económico dedicado a esta materia supuso un gasto corriente de 58.598 M€, lo que implica un crecimiento del 109,5%.

El crecimiento del Gasto Público en este mismo período fue del 136,9%. Esto nos confirma que la importancia que los gobiernos han dado a la Educación Pública es menor que la otorgada a otras partidas del Gasto Público.

En el siguiente gráfico podemos observar cómo el gasto en Educación Pública creció de manera sostenida hasta el año 2009, cuando llegó a los 49.671 M€. A partir de ese año inicia una senda descendente que no se detiene hasta el 2013. En este momento, la tendencia se invierte y el Gasto Público dedicado a la Educación Pública sube de forma sostenida hasta el 2022, cuando alcanza los 58.598 M€.

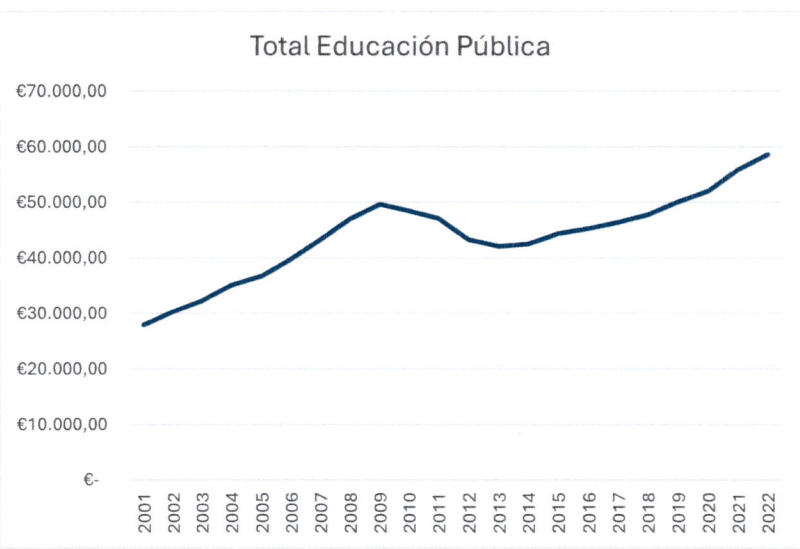

Total Educación Pública

Si comparamos los recursos destinados a la Educación con el Gasto Público, comprobamos cómo en el año 2001 se dedicaba el 10,4% del total del Gastos Público a la Educación, que este porcentaje sube hasta el 10,5% en el 2003 y que a partir de ahí no para de bajar hasta llegar al 8,5% en el 2012. En los siguientes años se retoma la senda alcista hasta lograr en 2017 un 9,7%. Sin embargo, a partir de ese año, vuelve a decrecer hasta establecerse en un 9,2% del Gasto Público en 2022.

A tenor de estos datos, se puede afirmar que el esfuerzo dedicado a la Educación Pública en nuestro país es inferior en 27 puntos al crecimiento del Gasto Público, por lo que parece evidente que políticamente han primado otros intereses públicos por encima de la Educación Pública.

En la siguiente tabla, se observa cómo en el período de 2001 a 2003, durante el mandato del presidente D. José M.ª Aznar, el gasto dedicado a la Educación Pública creció un 15,4% pasando de 27.967 M€ a 32.276 M€, mientras que el Gasto Público lo hizo un 14,3%, es decir el esfuerzo global en Educación fue superior en 1,1 puntos porcentuales a lo que se dedicó al total del Gasto Público.

	2001	2003	2011	2017	2022	% var. Vs 2001
Educación Pública	27.967€	32.276€	47.118€	46.449€	58.598€	**109,5%**
% variación sobre período anterior		15,4%	46,0%	-1,4%	26,2%	
Gasto Público	269.274€	307.871€	490.976€	480.265€	637.831€	**136,9%**
% variación sobre período anterior		14,3%	59,5%	-2,2%	32,8%	

En el período del presidente D. José Luis Rodríguez Zapatero, el gasto en educación creció un 46,0%, ahora bien, el Gasto Público lo hizo considerablemente más hasta llegar a un 59,5%, lo que implica que el esfuerzo dedicado a la Educación fue de 13,5 puntos porcentuales menos que al conjunto del Gasto Público.

Durante la presidencia de D. Mariano Rajoy, el gasto educativo decrece un 1,4%, mientras que el Gasto Público también lo hace en un 2,2%. Como ya hemos apuntado en reiteradas ocasiones, este es el único gobierno en el que bajó el Gasto Público; mientras que la reducción de los recursos destinados a la Educación Pública fue un 0,8% menor que a la del conjunto del Gasto Público.

Por último, durante el mandato del presidente D. Pedro Sánchez, el gasto en Educación Pública ha crecido un 26,2%, pero el Gasto Público lo ha hecho en un 32,8%, lo cual revela que el esfuerzo dedicado a la educación ha sido de 6,6 puntos porcentuales menor que a otros capítulos.

En definitiva, solo dos presidentes han hecho crecer el esfuerzo en Educación más que en otros asuntos y los dos son representantes de los gobiernos conservadores de derecha.

Como conclusión de lo sucedido en estos años, la Educación pagada con recursos públicos crece mucho menos que el gasto público (en 27,3 puntos porcentuales) y ha pasado de suponer un 10,4% del gasto total del país a un 9,2%. Este descenso no se debe a los gobiernos de derechas, que han gobernado 8,5 años, sino a los de izquierdas que han gobernado durante 13,5 años. Aznar los dejó en un 10,4%, Zapatero en un 9,6%, Rajoy en un 9,7% y Sánchez en un 9,2%.

1.8. Educación Pública en la Unión Europea

En el año 2001, con los datos de Eurostat, los actuales 27 miembros dedicaron 397.829,90 millones de euros a la Educación Pública siendo los cinco primeros Alemania (90.97 M€), Francia (86.415 M€), Italia (57.607,4 M€), España (27.967 M€) y Países Bajos (22.242 M€).

Letonia (520,7 M€), Estonia (443,4 M€) y Malta (257,7 M€) ocupan las tres últimas posiciones.

Los cinco primeros países suman 284.328,4 M€ y representaban el 75,1% del total del gasto en Educación Pública de la UE. (Ver Anexo Tabla 22).

El Gasto Público en el año 2001 sumó 3.893.930,2M€ (3,89 billones de €) y, por lo tanto, la Educación Pública representó el 10,2% del total del Gasto Público.

Los cinco países que más dedican a la Educación Pública fueron Estonia con un 18,1%, Lituania con un 16,1%, Letonia con un 16,0%, Islandia con un 15,3% y Chipre con un 14,5% del total de su Gasto Público.

Hay 23 países por encima de la media del 10,2%. De los cuatro grandes de la Unión Europea, Francia ocupa el puesto 20 con un 10,7%, España el 23 con un 10,4%, Italia el 25 con un 9,3% y Alemania ocupa el 27 con un 8,7%.

Los tres últimos países son Alemania, Grecia con un 8,1% y Eslovaquia con un 8,0%. (Ver Anexo **Tabla 23**).

El PIB de los 27 países de la UE sumó en 2001 un total de 8.242.012,20 M€ (8,24 Billones de €), lo que significó que a la Educación Pública se dedicó un 4,8% del PIB de aquel año.

Los cinco países que más destinaron a Educación Pública fueron Islandia con un 7,3%, Suecia con un 6,7% y Eslovenia, Dinamarca y Portugal con un 6,4%.

De los 29 países, 25 superaron o igualaron la media del 4,8%.

De los cuatro grandes, Francia estaba en el puesto 13 con un 5,6%, Italia en el 21 con un 4,4%, Alemania en el 23 con un 4,1% y España en el 25 con un 4,0%.

Las tres últimas posiciones corresponden a Grecia con un 3,7% y Bulgaria y Eslovaquia con un 3,6% del PIB. (Ver Anexo **Tabla 24**).

La situación 22 años después queda de la siguiente forma:

	2001	2022	% Incremento
Educación Universitaria	397.829,90 €	746.360,10 €	87,6%
Gasto Público	3.893.930,20 €	7.916.270,10 €	103,3%
PIB Nominal	8.242.013,20 €	15.911.126,00 €	93,0%

El gasto total en Educación Pública en estos 22 años ha crecido un 87,6% hasta alcanzar la cifra de 746.360,10 M€, mientras que el Gasto Público ha subido en la Unión Europea un 103,3% y el PIB Nominal o a precios corrientes lo ha hecho en un 93%. Una vez más, se constata que los países miembros de la UE han dedicado menos recursos y esfuerzos económicos a la Educación Pública que el crecimiento de los Gastos Públicos.

En cuanto al gasto en Educación Pública en 2022, los cinco primeros países en valor absoluto fueron Alemania (174.071 M€), Francia (137.847 M€), Italia (79.00,6 M€), España (58.598 M€) y Países Bajos (48.426 M€). Entre estos cinco países suman 497.942,6 M€, representando el 66,7% del total de la Unión Europea. Lo que supone una pérdida de peso respecto al 2001, cuando su suma alcazaba el 75,1%.

Los tres últimos países en valores absolutos son Islandia (1.890,3 M€), Chipre (1.418,8 M€) y Malta (872,8 M€). (Ver Anexo Tabla 25).

La Educación Pública creció en este período un 87,6%, pasando de los 397.829 M€ a los 746.360,1 M€, pero el crecimiento no se repartió de forma homogénea entre todos los países. Como hemos ido viendo en los apartados anteriores, Los cinco países que más crecieron provenían de zonas controladas por la antigua Unión Soviética. Así, el que más creció fue Bulgaria con un 477,8%, seguida de Eslovaquia con un crecimiento del 476,0%, en tercer lugar Rumanía con una subida del 428,1%, la cuarta posición fue para Estonia que creció un 372,4% y el quinto lugar se lo quedó Lituania con un 304,3%.

En total, 22 países crecieron por encima de la media del 83,9%. Los cuatro grandes quedan de la siguiente manera: España en la posición 19 con un crecimiento del 109,5%, Alemania en la 22 con un 93,2%, Francia en la 26 con un 59,5% e Italia en la 28 con un 37,1%. Sólo España y Alemania crecen por encima de la media de la Unión Europea. (Ver Anexo Tabla 26).

En el año 2022, el Gasto Público creció un 103,3% y el esfuerzo en la Educación Pública se fue hasta el 9,4%, por debajo del 10,2% que se dedicó en 2001.

De entre los cinco países que más dedican a Educación Pública en 2022, hay cambios importantes respecto al 2001. Así quedan los primeros puestos: a la cabeza se sitúa Islandia con un 14,9%, seguido por Estonia (14,6%), Lituania (13,5%), Suecia (13,3%) y Chipre (13,2%).

Hay 22 países que se hallan por igual o por encima de la media del 9,4%. De los grandes de la UE, España está en la posición 23, dedicando a la Educación un 9,2% del Gasto Público, seguida de Alemania (puesto 24 y un 9,1%), Francia (puesto 26 y un 8,9%) e Italia (penúltima y un 7,2%). Alemania recupera tres posiciones respecto a 2001, España se mantiene en la misma posición, Francia pierde seis posiciones e Italia pierde tres posiciones.

Los tres países que dedican menor porcentaje de su gasto a esta educación son Rumanía (8,1%), Italia (7,2%) y Grecia (7,1%). (Ver Anexo Tabla 27).

El PIB creció entre 2001 y 2022 un 93,0% y el esfuerzo en la Educación Pública se redujo en una décima hasta el 4,7% del PIB.

Los cinco países que más han dedicado a la Educación Pública sobre el PIB en 2022 han sido: Islandia (6,9% del PIB), Suecia (6,6%); tanto Islandia como Suecia repiten posiciones a pesar de reducir su esfuerzo en un 0,4% y en un 0,1% respectivamente. En tercer lugar se sitúa Bélgica (6,3%), que sube 7 posiciones al dedicar

6 décimas más; en cuarto lugar encontramos a Estonia (5,8%) y en quinto lugar a Eslovenia (5,6%). De los 29 países, 18 superaron o igualaron la media de la Unión Europea.

De los cuatro grandes, Francia, con un gasto del 5,2%, se coloca en la posición 9, ganando cuatro posiciones a pesar de dedicarles cuatro décimas menos de PIB a la Educación. Le siguen Alemania, situada en el puesto 21 tras ganar dos posiciones y dedicar el 4,5% de esfuerzo a la Educación Pública; y España, que ostenta la posición 22 con un 4,4%, gana tres puestos al dedicar cuatro décimas más del PIB. Cierra el grupo Italia que queda en la posición 24 con un 4,0% de esfuerzo, pierde tres puestos y le dedica cuatro décimas menos del PIB.

Las tres últimas posiciones son para Grecia (3,8%), Rumanía (3,2%) e Irlanda (2,7%). (Ver Anexo Tabla 28).

Para entender mejor cómo ha evolucionado España en el contexto europeo en estos 22 años se ha elaborado la siguiente tabla:

	España	Unión Europea
2001 Gastos Totales en Educación	27.967,00 €	397.829,90 €
2022 Gastos Totales en Educación	58.598,00 €	746.360,10 €
% Crecimiento	110%	88%
Posición de España en el crecimiento	19	
2001 Porcentaje Total Educación sobre Gasto Público	10,4%	10,2%
2022 Porcentaje Total Educación sobre Gasto Público	9,2%	9,4%
2001 Posición	23	
2022 Posición	23	
2001 Porcentaje Total Educación sobre PIB	3,9%	4,8%
2022 Porcentaje Total Educación sobre PIB	4,4%	4,7%
2001 Posición	25	
2022 Posición	22	

En España, el crecimiento de los recursos destinados a la Educación Pública ha sido de un 110%, 22 puntos porcentuales más que la media de la Unión Europea, a pesar de ello España tan solo ocupa la posición 19 de 29.

En cuanto al Gasto Público dedicado a esta materia, España ha pasado del 10,4% en 2001 (puesto 23), cuando la UE dedicaba un 10,2%, a un 9,2% 22 años después, mientras la media de la UE ha subido en ese mismo plazo un 9,4%. A pesar de este descenso, España sigue ocupando en 2022 la misma posición que ocupaba en 2001, la 23.

Si observamos la evolución con respecto al PIB, en 2001, España dedicaba el 4,0% de su PIB a la Educación Pública, ocho décimas menos que la media de la UE; mientras que, en 2022, pasa a dedicar un 4,4%, es decir, cuatro décimas más. Sin embargo, este ascenso solo nos permite pasar del puesto 25 al 22 en el escalafón.

Está claro que en el gasto en Educación Pública en España está a la cola de la Unión Europea y no parece fácil que nos movamos de esas posiciones.

2. Educación Privada

2.1. Educación Preprimaria y Primaria

Para realizar el análisis de gastos en la Educación Privada, analizaremos los datos de la Unión Europea comprendidos entre los años 2012 a 2019, dado que son los que proporciona la Oficina Europea de Estadística de los actuales miembros de la Unión. No se incluyen en este apartado a Alemania y Suecia, que no proporcionan datos. Por lo tanto, el presente informe se referirá a 25 países de los 27 que componen la UE. Tampoco se tendrán en cuenta a Islandia y Noruega, como si se había hecho en los epígrafes previos.

Los 25 países que vamos a analizar dedicaron en el año 2012 a la Educación Privada en el área de Preprimaria y Primaria (PP&P) la cantidad de11.058,6 M€.

Los cinco países que más destinaron a esta partida fueron Francia, con 3.882,7 M€ y un porcentaje sobre el total del 35,1%, España con 2.508,3 M€ (22,7% del total), Italia con 1.194,5 M€ (10,8% del total), Portugal con 554.9 M€ (5,0% del total) y Polonia con 511.6 M€ (4,6% del total).

Entre los cinco primeros países suman 8.652 millones de euros, que supone el 78,2% del total del gasto privado en Educación PP&P. (Ver Anexo Tabla 29).

El PIB de estos 25 países fue de 8.220.843,90 M€ en 2012. Por lo tanto, el importe que estos países destinaron a la Educación Privada en PP&P fue solo de un 0,13%. Esto se debe a que la Educación Pública copa un porcentaje muy importante de los recursos en este nivel educativo.

Los cinco países que más esfuerzo sobre el PIB dedicaron a Educación Privada en PP&P en 2012 fueron: Portugal (554,9 M€, que representan el 0,33% del PIB), Chipre (56,2 M€, que representan el 0,29% del PIB), España (2.508,3 M€, que representan el 0,24% del PIB), Eslovenia (79,4 M€, que representan el 0,22% del PIB) y Francia (3.882,7 M€, cifra que supone un 0,19% del PIB). Eslovenia se situaría por delante de Francia, pero el primer dato relativo a Eslovaquia es de 2013, por lo que hemos optado por mantener a Francia en esa quinta posición.

La cifra dedicada a Educación Privada PP&P en la zona baja de la tabla es muy reducida, dado que algunos países dedican únicamente un 0,01% de su PIB a la Educación Privada PP&P; esos cuatro países son Bulgaria, Croacia, Finlandia y Rumanía.

Por lo tanto, sólo hay 10 países que superan o igualan la media del 0,13% del PIB dedicado a este tipo de Educación. (Ver Anexo Tabla 30).

En la siguiente tabla haremos una comparación de los cinco países más grandes de la Unión Europea (sin contar Alemania) y Portugal. El motivo de incluir a este último es su proximidad a España y porque se halla a la cabeza en recursos dedicados a este nivel educativo.

	Total E. Pública PP&P 2012	% sobre PIB	Posición en EU-25	Total E. Privada PP&P 2012	Posición en EU-25	% sobre PIB	PIB Nominal 2012
ESPAÑA	16.720,00 €	1,62%	13	2.508,30 €	3	0,24%	1.031.104,00 €
FRANCIA	25.487,00 €	1,22%	20	3.882,70 €	6	0,19%	2.088.804,00 €
ITALIA	23.704,00 €	1,46%	15	1.194,50 €	15	0,07%	1.624.358,70 €
PORTUGAL	3.055,50 €	1,82%	9	554,90 €	1	0,33%	168.295,60 €
PAÍSES BAJOS	11.249,00 €	1,72%	12	443,60 €	16	0,07%	652.966,00 €
POLONIA	6.930,50 €	1,80%	10	143,80 €	9	0,04%	385.389,40 €
UE 25	125.674,20 €	1,53%		11.058,60 €		0,13%	8.220.843,90 €

En esta tabla hemos recalculado el PIB para los 25 países que forman parte de este apartado del estudio. Como se puede observar, el gasto destinado a la Educación Pública en PP&P asciende a 125.674,2 M€ (un 1,53% del PIB de estos 25 países), frente a los 11.058,6 M€ empleados en la Privada, que tan solo representa un 0,13% del PIB.

Portugal ocupa la primera posición gracias a su 0,33%. Mientras que en la Educación Pública en este mismo nivel educativo se sitúa en el puesto 9, ya que dedica un 1,82% del PIB.

Algo similar ocurre con España. Dedica el 1,62% del PIB a la Educación Pública de este nivel, lo que le lleva a ocupar el puesto 13 entre estos 25 países. Sin embargo, al destinar el 0,24% del PIB a la Privada (un 1,38% menos que en la Pública), su posición en esta clasificación es mucho mejor (la tercera).

Francia, por su parte, ocupa la sexta posición con sólo un 0,19% del PIB dedicado a la Privada. Mientras que con un 1,22%, es decir, un 1,03 punto más dedicado del PIB en la Educación Pública, ocupa el puesto 20. Polonia, que dedica un 0,13% del PIB a la privada, es decir justo en la media de la UE-25, ocupa el puesto 9, mientras que con un esfuerzo del 1,8% ocupa la décima posición en la Pública.

Italia, por su parte, con un 0,07% del PIB a la Privada ocupa la misma posición, la 15, que destinando un 1,46% a la Pública; y los Países Bajos, que a la Pública le dedican un 2,56% (puesto 12), en la privada cae al 16 al dedicarle un 0,07%.

En definitiva, de estos seis países, cuatro de ellos (Portugal, España, Francia y Polonia) dedican a la Educación Privada un porcentaje igual o superior a la media, lo que les permite situarse en el Top10. Mientras que en la Pública también hay cuatro países que hacen un esfuerzo superior a la media y solo hay uno (Portugal) que se encuentra en el Top10.

Analizado el año 2012, correspondería examinar el año 2020, pero los datos de ese año están completamente distorsionados a consecuencia de la pandemia. Por eso hemos decidió analizar el año 2019, lo que nos va a permitir tener una visión mucho más aproximada a la realidad.

Los 25 países analizados dedicaron en 2019 a la Educación Privada en el área de Preprimaria y Primaria (PP&P) la cantidad de 14.991,5 M€.

Los cinco países que más recursos dedicaron a esta partida fueron Francia, con 4.622 M€ y un porcentaje sobre el total del 30,8% del total, España con 3.388,8 M€ y un 22,6% del total, Italia con 2.196,80 M€ y un 14,7% del total, Polonia con 1.027,4 M€ y un 6,9% del total y los Países Bajos con 593,3 M€ y un 4,0% del total.

La contribución de estos cinco países asciende a 11.828,3 M€ y supone el 78,9% del total del gasto privado en Educación PP&P. Es decir, siete décimas más que en 2012. (Ver Anexo **Tabla 31**).

El crecimiento en el esfuerzo que los Estados dedican a la Educación Privada PP&P en este período de 2012 a 2019 fue de un 35,6%, lo que implica un crecimiento medio anual del 5%.

Los cinco países que más crecieron fueron: Croacia que pasa de 4,5 M€ a 37,2 M€, lo que supone un crecimiento del 726,7%; Hungría que pasa de 95,6 M€ a 417,4 M€ creciendo un 336,6%; Estonia con un crecimiento del 318,4%; Lituania que crece un 230,4% y Bulgaria con un crecimiento del 175,6%.

Entre los grandes, Polonia ocupa el primer lugar al pasar de 551,6 M€ a 1.027,4 M€, es decir, crece un 100,8%, situándose en la octava posición. Italia crece un 83,9% y se coloca la posición 10. España pasa de 2.508,3 M€ a 3.388,8 M€ lo que supone crecer un 35,1%, ocupa el puesto 13. Los Países Bajos ocupan el puesto 14 con un crecimiento del 33,7% y Francia es el que menos crece de los grandes, lo hace sólo un 19% situándose en el puesto 16.

En la parte baja, tenemos a cuatro países que decrecen su esfuerzo en esta educación: Grecia, que fue intervenida, redujo su aportación en un 7,7%, Portugal, también intervenido, cayó un 9,9%, Irlanda un 10,6% y Eslovaquia que decreció un 21%. (Ver Anexo **Tabla 32**).

El PIB de los 25 países que estamos estudiando fue de 10.069.050,90 M€ en 2012, por lo tanto, el importe dedicado a la Educación Privada en PP&P fue de un 0,15%.

Los cinco países que más esfuerzo dedicaron sobre el PIB a Educación Privada en PP&P en 2019, fueron Hungría y Chipre, con 417,40 M€ y 63,9 M€ respectivamente, destinando ambos un 0,28% del PIB a este nivel educativo. La tercera posición la ocupa España (3.388,80 M€ y un 0,27% del PIB), seguida por Portugal (500 M€ y un 0,23%), Polonia (1.027,4 M€ y un 0,19%) y Francia que invierte un porcentaje similar al polaco, lo que se traduce en 4.622 M€.

La cifra dedicada a Educación Privada PP&P en la zona baja de la tabla es muy pequeña: Bulgaria solo le dedica el 0,02%, Finlandia el 0,01% y Rumania presenta un porcentaje tan insignificante que requiere el tercer decimal para que se compute.

Por lo tanto, sólo hay 10 países que superan o igualan la media del 0,15% del PIB dedicado a este tipo de Educación. (Ver Anexo Tabla 33).

A continuación, compararemos los esfuerzos en la Educación Pública y en la Educación Privada de los cinco países europeos más grandes y Portugal entre 2012 y 2019 y la posición que ocupan en las dos educaciones.

	Total E. Pública PP&P 2019	% sobre PIB	Posición en EU-25	Total E. Privada PP&P 2019	Posición en EU-25	% sobre PIB	PIB Nominal 2012
ESPAÑA	19.629,00 €	1,58%	10	3.388,80 €	0,27%	3	1.245.513,00 €
PORTUGAL	3.313,60 €	1,55%	11	500,00 €	0,23%	4	214.374,60 €
POLONIA	11.898,80 €	2,23%	5	1.027,40 €	0,19%	5	532.504,70 €
FRANCIA	33.985,00 €	1,39%	15	4.622,00 €	0,19%	6	2.437.635,00 €
ITALIA	25.589,00 €	1,42%	14	2.196,80 €	0,12%	11	1.796.648,50 €
PAÍSES BAJOS	12.433,00 €	1,53%	12	593,30 €	0,07%	15	813.055,00 €
UE 25	154.838,40 €	1,54%		14.991,50 €	0,15%		10.069.052,90 €

En esta tabla hemos recalculado los datos para los 25 países que entran a formar parte de este estudio. Observamos que la Educación Pública en PP&P suma 154.836,40 M€, lo que supone el 1,54% del PIB de estos 25 países, frente a los 14.991,5 M€ que se destinan a la Privada (el 0,15% del PIB).

España es el mejor situado de esos seis países, al destinar a la Educación Privada PP&P el 0,27% del PIB y ocupar la tercera posición, mientras que en la Educación Pública, con el 1,58%, ocupa la décima posición.

Portugal con un 0,23% del PIB destinado a la Privada, se coloca en la cuarta posición, mientras que en la Educación Pública con un 1,55% del PIB está en la undécima posición.

Polonia, que dedica un 0,19% del PIB a la Privada, ocupa el quinto puesto, mientras que con un esfuerzo del 2,23% ocupa la misma posición en la Pública.

Francia con sólo un 0,19% del PIB destinado a la Privada ocupa la sexta posición. Mientras que con un 1.39%, del PIB dedicado a la Educación Pública ocupa el puesto 15.

Italia, dedicándole un 0,12% del PIB a la Privada (cifra por debajo de la media), ocupa la posición 11, mientras que dedicando un 1,42% del PIB ocupa el puesto 14 en la Pública.

Por último, los Países Bajos con un 0,07% del PIB se colocan en la posición número 15 de la Privada, mientras que con un 1,53% suben al puesto 12 en la Pública.

De estos seis países examinados, cuatro de ellos dedican un porcentaje igual o superior a la media y esos cuatros países están en el Top10 de los países que más invierten en esta educación (España, Portugal, Polonia y Francia) mientras que en la Pública hay tres países con un esfuerzo superior a la media (Polonia, España y Portugal) y solo Polonia se sitúa en el top 10 de los países que más esfuerzo dedican a la Pública.

La conclusión que podemos sacar es que España en la Educación Privada en PP&P es un país de referencia, ya que en volumen total dedicado a este nivel educativo es el segundo en 2019 y el tercero en porcentaje del PIB, solo superado por países como Hungría y Chipre, en porcentaje de esfuerzo, y por Francia en valor absoluto.

2.2. Educación Secundaria y Formación Profesional

Los datos que vamos a analizar a continuación parten de los mismos parámetros y serie histórica que los utilizados para abordar la Educación Preprimaria y Primaria desde 2012 hasta 2019.

Los 25 países analizados dedicaron a la Educación Privada en el área de Secundaria y Formación Profesional (S&FP) en el año 2012 la cantidad total de 6.455,80 M€.

Los cinco países que más dinero dedicaron a esta partida fueron Francia con 2.082,60 M€ y un porcentaje sobre el total del 32,3%; la segunda fue Italia con 871,20 M€ y un porcentaje sobre el total del 13,5%; la tercera fue España con 869,50 M€ y un 13,5% del total; Países Bajos ocupa la cuarta posición con 618,30 M€ y un porcentaje del 9,6% y Polonia la quinta con un 8,3% y 533,90 M€.

Entre los cinco primeros países suman un total de 4.975,50 millones de euros y suponen el 77,1% del total del gasto privado en Educación S&FP. (Ver Anexo **Tabla 34**).

El PIB de los 25 países que estamos estudiando fue en 2012 de 8.220.843,90 M€ y, por lo tanto, el importe dedicado a la Educación Privada en S&FP fue de solo un 0,08%.

Los cinco países que más esfuerzo dedicaron sobre el PIB a Educación Privada en S&FP en 2012 fueron: Portugal (484,90 M€ y un 0,29% del PIB), Chipre (41,6 M€ y un 0,21% del PIB), Polonia (533,9 M€ y un 0,14% del PIB), Malta (9,2 M€ y un 0,12% del PIB) y Francia (2.082,6 M€ y un 0,10% del PIB).

La cifra dedicada a Educación Privada PP&P en la zona baja de la tabla es muy pequeña, dado que los últimos son Estonia y Dinamarca con un 0,01% y Grecia que no dedica nada a este tipo de Educación.

Por lo tanto, sólo hay 9 países que superan o igualan la media del 0,08% del PIB dedicado a este tipo de Educación. (Ver Anexo Tabla 35).

A continuación, compararemos los esfuerzos en la Educación Pública y en la Educación Privada en este nivel educativo de los cinco países europeos más grandes y Portugal entre 2012 y 2019 y la posición que ocupan dichos países en las dos educaciones:

	Educación Pública Secundaria y FP 2012	% sobre PIB	Posición en EU-25	Total E. Privada S&FP 2012	% sobre PIB	Posición en EU-25	PIB Nominal 2012
PORTUGAL	3.415,60 €	2,03%	10	484,90 €	0,29%	1	168.295,60 €
POLONIA	5.816,40 €	1,51%	22	533,90 €	0,14%	3	385.389,40 €
FRANCIA	54.988,00 €	2,63%	2	2.082,60 €	0,10%	5	2.088.804,00 €
PAÍSES BAJOS	13.710,00 €	2,10%	9	618,30 €	0,09%	7	652.966,00 €
ESPAÑA	15.821,00 €	1,53%	21	869,50 €	0,08%	9	1.031.104,00 €
ITALIA	31.196,00 €	1,92%	11	871,20 €	0,05%	14	1.624.358,70 €
UE 25	**169.902,00 €**	**2,07%**		**6.455,80 €**	**0,08%**		**8.220.843,90 €**

En esta tabla hemos recalculado el PIB para los 25 países que entran a formar parte de este estudio. Podemos ver cómo la Educación Pública en S&FP, suma 169.902 M€, lo que supone el 2,07% del PIB de estos 25 países, frente a los 6.4555,80 M€ que supone la Privada con un 0,08% del PIB.

Portugal ocupa la primera posición en la Educación Privada S&FP gracias a su 0,29%, pero con un esfuerzo de 2,03% puntos del PIB solo ocupa la posición 10 en la Pública.

Polonia dedica un 0,14% del PIB a la Privada y ocupa el tercer puesto, mientras que con un esfuerzo del 1,51% se sitúa en la posición 22 en la Pública.

Francia con sólo un 0,10% del PIB en la Educación Privada ocupa la posición 5, mientras que con un 2,63%, ocupa el segundo puesto en la Pública.

Países Bajos ocupa la posición 7 en la Educación Privada en 2012 con un esfuerzo del 0,09%, mientras que en la Pública ocupa la novena posición con un 2,10% del PIB.

España dedica a la Educación Pública en este nivel el 1,53% del PIB que le lleva a ocupar el puesto 21. Mientras que destina un 0,08% a la Privada ocupando el puesto 9 en la UE-25. Es decir, con 1,45 puntos menos del PIB dedicado a la Privada mejora 12 posiciones.

Italia, dedicándole un 0,05% del PIB a la Privada, ocupa la posición la 14, mientras que con un 1,92% del PIB dedicado a la Pública ocupa el puesto 11.

En definitiva de estos seis países, cinco (Portugal, Polonia, Francia Países Bajos y España) destinan a la Educación Privada un porcentaje igual o superior a la media y, a su vez, esos cinco países se hallan en el top10. Mientras que en la Pública solo son dos los que dedican más que la media (Francia y Países Bajos) y tres los que aparecen el en Top 10 (Francia, Países Bajos y Portugal).

Analizado el año 2012, corresponde analizar el año 2019.

Los 25 países examinados dedicaron a la Educación Privada en el área de Secundaria y Formación Profesional (S&FP) en 2019 la cantidad total de 7.334,20 M€.

Los cinco países que más dinero invirtieron en esta partida fueron Francia con 2.299 M€ y un porcentaje sobre el total del 29,7% del total, España con 1.286 M€ y un 16,6% del total, Italia con 945,40 M€ que supuso un 12,2%, Países Bajos con un total de 657,20 M€ que les proporciona un peso de un 8,5% y Polonia con un 7,8% y 604,70 M€.

Los cinco primeros países suman un total de 5.792,3 M€ que suponen el 74,9% del total del gasto privado en Educación S&FP, 2,2 puntos menos que en 2012. (Ver Anexo Tabla 36).

El crecimiento en este período de 2012 a 2019, en el esfuerzo que dedica la Educación Privada S&FP, es un muy bajo 19,8%, con un crecimiento medio de 2,8% anual.

Los cinco países que más crecen son: Estonia, que aumenta un 614,3% ya que pasa de 1,4 M€ a 10 M€; Hungría que pasa de 54,7 M€ a 288,40 M€ y crece un 427,2%; Irlanda, que pasa de 113,3 M€ a 337,8 M€ lo que le hace crecer un 198,1%; Lituania que pasa de 2,9 M€ al 7,4 M€ y crece un 155,2% y Bulgaria que de 12,4 M€ pasa a 23,2 M€ con un crecimiento del 87,1%.

Entre los principales países, España ocupa el primer lugar al pasar de los 869,5 M€ a 1.286 M€, creciendo un 47,9%. Se coloca en el puesto 8 de los países con mayor crecimiento. Polonia crece un 13,3% pasando de 533,9

M€ a 604,7 M€, Francia le sigue con un pequeño crecimiento del 10,4%, pues simplemente pasa de 2.082,6 a 2.299 M€; aún más pequeño es el crecimiento de Italia con un 8,5% y más bajo todavía es el de los Países Bajos que sólo crece un 6,3%.

Por otro lado, en la parte baja de la clasificación, tenemos a siete países que decrecen en esfuerzo a esta educación. Los tres últimos son Finlandia con una bajada del 24,3%, Eslovaquia con un descenso del 27,3% y Portugal con un decrecimiento del 31,6%. (Ver Anexo Tabla 37).

El PIB de los 25 países que estamos estudiando fue de 10.069.050,90 M€ en 2019, y, por lo tanto, el importe dedicado a la Educación Privada en S&FP fue de un 0,08% respecto al total.

Los cinco países que más esfuerzo dedicaron a la Educación Privada en S&FP sobre el PIB en 2019 fueron Chipre con un 0,21%, Hungría con un 0,20%, Portugal con un 0,15%, Polonia, Grecia y Malta con un 0,11%.

La cifra dedicada a Educación Privada PP&P en la zona baja de la tabla es muy pequeña. Así tenemos que Finlandia y Dinamarca le dedican un 0,01% y Rumanía con 9 M€ necesita del tercer dígito decimal para saber el porcentaje que dedica.

Sólo once países dedican un porcentaje igual o superior a la media de la EU-25. (Ver Anexo Tabla 38).

Analicemos qué sucede en 2019, comparemos su esfuerzo en la Educación Pública y en la Educación Privada y la posición que ocupan estos países:

	Total E. Pública S&FP 2019	% sobre PIB	Posición en EU-25	Total E. Privada S&FP 2019	Posición en EU-25	% sobre PIB	PIB Nominal 2012
PORTUGAL	3.664,80 €	1,71%	15	331,70 €	0,15%	3	214.374,60 €
POLONIA	5.321,80 €	1,00%	24	604,70 €	0,11%	4	532.504,70 €
ESPAÑA	18.971,00 €	1,52%	18	1.286,00 €	0,10%	7	1.245.513,00 €
FRANCIA	55.798,00 €	2,29%	3	2.299,00 €	0,09%	9	2.437.635,00 €
PAÍSES BAJOS	16.237,00 €	2,00%	7	657,20 €	0,08%	10	813.055,00 €
ITALIA	33.021,00 €	1,84%	10	945,40 €	0,05%	13	1.796.648,50 €
UE 25	**188.246,60 €**	**1,87%**		**7.734,20 €**	**0,08%**		**10.069.052,90 €**

En esta tabla hemos recalculado los datos para los 25 países que entran a formar parte de este estudio y podemos ver que los recursos invertidos en Educación Pública en S&FP suman 188.246,60 M€, lo que supone el 1,87% del PIB de estos 25 países, frente a los 7.734,2 M€ destinados a la Privada, que tan solo representan el 0,08% del PIB.

Así tenemos que Portugal, con un 0,15% del PIB en la Educación Privada, se coloca en el primer lugar, mientras que en la Educación Pública con un 1,71% del PIB está en la posición 15.

Polonia, que le dedica un 0,11% del PIB a la Privada, ocupa el cuarto puesto, mientras que con un esfuerzo del 1% ocupa la posición 24 en la Pública.

A Polonia le sigue España, que dedica a la Educación Privada S&FP un 0,10% del PIB, situándose en la séptima posición, mientras que con el 1,28% ocupa en la Pública la posición 18.

Francia, con sólo un 0,09% del PIB, ocupa la posición 9 en la Privada. Mientras que con un 2,29%, es decir, con un 2,19 puntos más dedicado del PIB en la Educación Pública, ocupa el tercer puesto.

Los Países Bajos con un 0,08% del PIB se colocan en la posición número 10 de la Privada, mientras que con un 2,0% se hallan en el puesto 7 en la Pública.

Italia, dedicándole un 0,05% del PIB a la Privada (por debajo de la media), ocupa la posición 13, mientras que destinando un 1,84% del PIB ocupa el puesto 10 en la Pública.

De estos seis países, cinco (Portugal, Polonia, España, Francia y Países Bajos) dedican un porcentaje igual o superior a la media y se encuentran en el Top10 de los países que más destinan a este nivel educativo, mientras que en la Pública sólo son tres países los que superan a la media (Francia, Países Bajos e Italia) y alcanzan el Top10 de la Pública.

A tenor de estos datos, se puede concluir que España en la Educación Privada en S&FP es un país importante, aunque no una referencia, pues en volumen total está en la segunda posición, pero cae al séptimo puesto en porcentaje del PIB dedicado a este nivel educativo.

2.3. Educación Universitaria

Los datos que vamos a analizar a continuación parten de los mismos parámetros y serie histórica que los utilizados para abordar los apartados anteriores desde 2012 hasta 2019, con las excepciones antes reseñadas.

Los 25 países examinados dedicaron a la Educación Privada en el área Universitaria en el año 2012 la cantidad total de 15.741,6 M€.

Los cinco países que más dinero dedicaron a esta partida fueron Italia con 3.926,90 M€ y un porcentaje del 24,9%, Francia con 3.139,7 M€ y un porcentaje sobre el total del 19,9%, España con 2.960,60 M€ y un 18.8% del total, Países Bajos con 1.649,20 M€ y un porcentaje del 10,5% y Polonia con 992,30 M€ y un 6,3% del total.

Entre estos cinco países suman un total de 12.668,70 millones de euros lo que da el 80,5% del total del gasto privado en Educación Universitaria. (Ver Anexo Tabla 39).

El PIB de los 25 países que estamos estudiando fue de 8.220.843,90 M€ en 2012 y, por lo tanto, el importe dedicado a la Educación Universitaria fue de un 0,19%, mientras que a la Educación Pública dedican un 0,81%. En este nivel educativo hay una menor diferencia con las otras áreas de Educación que hemos revisado.

Los cinco países que más esfuerzo dedicaron a la Educación Universitaria sobre el PIB en 2012 fueron: Letonia que con 148,40 M€ dedica un 0,66% del PIB; en segundo lugar está Chipre con 112,30 M€ y un 0,58% del PIB; la tercera posición es para Hungría que con 562 M€, dedica el 0,56%; la cuarta es Bulgaria con 184,7 M€ y un 0,44% del PIB; y Portugal que con 727,40 M€ y un 0,43% ocupa la quinta posición.

Entre los grandes, España ocupa la séptima posición con un 0,29%, Polonia la octava con un 0,26%, Países Bajos la novena con un 0,25%, Italia la décima con un 0,24% y Francia se coloca en el puesto 13 con un 0,15%.

La cifra dedicada a Educación Privada PP&P en la zona baja de la tabla es muy pequeña: Malta y Austria con un 0,04% y Luxemburgo con un 0,01% ocupan las últimas posiciones. Dinamarca, Croacia, Eslovaquia y Finlandia no publicaron datos de esta Educación en 2012.

De estos 25 países, sólo hay 11 que superan o igualan la media del 0,19% del PIB dedicado a este tipo de Educación. (Ver Anexo Tabla 40).

A continuación, compararemos los esfuerzos en la Educación Pública y en la Educación Privada en este nivel educativo de los cinco países europeos más grandes y Portugal entre 2012 y 2019 y la posición que ocupan dichos países en las dos educaciones:

	Educación Pública Universitaria 2012	% sobre PIB	Posición en EU-25	Total E. Universitaria 2012	% sobre PIB	Posición en EU-25	PIB Nominal 2012
PORTUGAL	1.730,80 €	1,03%	21	727,40 €	0,43%	5	168.295,60 €
ESPAÑA	6.552,00 €	0,64%	23	2.960,60 €	0,29%	7	1.031.104,00 €
POLONIA	5.741,40 €	1,49%	4	992,30 €	0,26%	8	385.389,40 €
PAÍSES BAJOS	8.699,00 €	1,33%	5	1.649,20 €	0,25%	9	652.966,00 €
ITALIA	5.763,00 €	0,35%	25	3.926,90 €	0,24%	10	1.624.358,70 €
FRANCIA	14.066,00 €	0,67%	22	3.139,70 €	0,15%	13	2.088.804,00 €
UE 25	**66.559,40 €**	**0,81%**		**15.741,60 €**	**0,19%**		**8.220.843,90 €**

En esta tabla hemos recalculado el PIB para los 25 países que entran a formar parte de este estudio. El esfuerzo dedicado a la Educación Púbica Universitaria asciende a 66.559,40 M€, lo que supone el 0,81% del PIB de estos 25 países, frente a los 15.741,60 M€ que representa la Privada con un 0,19% del PIB.

Portugal ocupa la quinta posición en la Educación Privada Universitaria gracias a su 0,43%, pero con un esfuerzo del 0,72% en la Pública solo es capaz de ocupar el puesto 21.

España a la Pública dedica el 0,64% del PIB que le lleva a ocupar el puesto 23, mientras que dedicando el 0,29% a la Privada ocupa el puesto 9, es decir, con 0,35 puntos menos del PIB dedicada a la Privada mejora 16 posiciones.

Polonia, que dedica un 0,26% del PIB a la Privada, ocupa el puesto 8, mientras que con un esfuerzo del 1,49% ocupaba la posición 4 en la Pública.

Países Bajos ocupa la posición 9 en la Educación Privada en 2012 con un esfuerzo del 0,25%, mientras que en la Pública ocupa la quinta posición con un 1,33% del PIB.

Italia, dedicándole un 0,24% del PIB a la Privada, ocupa la posición 10, mientras que con un 0,35% del PIB dedicado a la Pública ocupa el puesto 25.

Francia, con sólo un 0,15% del PIB en la Educación Privada, ocupa la posición 13, mientras que con un 0,67%, es decir con 0,52 puntos más en la Educación Pública, ocupa el puesto 22.

En definitiva, de estos seis países, cinco (Portugal, España, Polonia, Países Bajos e Italia) dedican a la Educación Privada un porcentaje igual o superior a la media y entran en el Top10 de los países que más invierten en esta educación, mientras que en la Pública tan solo son dos países los que superan a la media (Polonia, Países Bajos) y están en el Top10.

Analizado el año 2012 corresponde analizar el año 2019, tal como hicimos para las otras áreas de educación.

Los 25 países estudiados dedicaron a la Educación Privada en el área de Universitaria en 2019 la cantidad total de 21.088,70 M€.

Los cinco países que más recursos dedicaron a esta partida fueron: Italia que con 5.274,90 M€ ocupa la primera posición y supone un peso sobre el total del 25%, España que con 4.829,90 M€ supone un 22,9% del total, Francia con 4.344 M€ y un 20,6% del total, Países Bajos con 2.057,20 M€ que le proporcionan un peso de un 9,8% y Polonia con un 4,2% y 888,70 M€.

Entre los cinco primeros países suman un total de 17.94,70 millones de euros lo que supone el 82,5% del total del gasto privado en Educación Universitaria, dos puntos más que en 2012. (Ver Anexo Tabla 41).

El crecimiento en este período de 2012 a 2019 es del 34,0%, una buena cifra, que se traduce en un crecimiento medio de un 4,9% anual.

Los cinco países que más crecen son Malta, que pasa de 3 M€ a 18,4 M€ y eso supone un crecimiento del 513,3%, le sigue Irlanda que pasa de dedicar 343,4 M€ a 709 M€ y crece un 106,5%, Bélgica ocupa la tercera posición con un 95,9% y pasa de dedicarle 259 M€ a 507,5 M€, la cuarta posición es para España que crece un 63,1% y que de dedicarle 2.960,6 M€ pasa a 4.829,90 M€ y la quinta posición se la gana Chipre con un 50,3% y que de dedicarle 112,3 M€ pasa a ejecutar 168,80 M€.

Entre los grandes, está en primer lugar España, tal como hemos visto; la segunda posición es para Francia que pasa de 3.139,70 M € a 4.344 M€, crece un 38,4% y se coloca en el puesto 6 en crecimiento. Le sigue Italia que pasa a ocupar la posición 9 con una dedicación de 5.274,9 M€ y un crecimiento del 34,3%. Países Bajos crece un 24,7% y llega a los 2.057,20 M€ colocándose en el puesto 10 y Polonia es el único de los grandes que decrece y lo hace en un 10,4%.

En la parte baja de la tabla, tenemos a 10 países que decrecen en esfuerzo a esta educación. Las tres últimas posiciones corresponden a Hungría con una caída del 34,2%, Estonia que baja un 40,6%, y Rumanía que con una caída del 82,5% suprime casi toda su Educación Privada Universitaria. (Ver Anexo Tabla 42).

El PIB de los 25 países estudiados fue de 10.069.050,90 M€ en 2019, por lo tanto, el importe dedicado a la Educación Privada Universitaria fue de un 0,21% que no se aleja tanto del 0,79% que se dedica a la Educación Pública en este nivel educativo.

Los cinco países que más esfuerzo dedicaron sobre el PIB a Educación Universitaria Privada en 2019 fueron Chipre con un 0,73%, Bulgaria con un 0,41%, España con un 0,39%, Letonia con un 0,33% y Portugal con un 0,31%.

La cifra dedicada a Educación Universitaria Privada en la zona baja de la tabla es prácticamente residual, así tenemos que Rumanía le dedica un 0,01% y de Finlandia y Dinamarca solo podemos dar milésimas de su PIB.

Sólo hay nueve países que le dedican un porcentaje igual o superior a la media de la EU-25. (Ver Anexo Tabla 43).

Analicemos qué sucede en 2019 y comparemos su esfuerzo en la Educación Pública y en la Educación Privada y la posición que ocupan estos países:

	Total E. Pública Universitaria 2019	% sobre PIB	Posición en EU-25	Total E. Privada Universitaria 2019	Posición en EU-25	% sobre PIB	PIB Nominal 2012
ESPAÑA	7.655,00 €	0,61%	22	4.829,90 €	0,39%	3	1.245.513,00 €
PORTUGAL	1.417,00 €	0,66%	19	659,40 €	0,31%	5	214.374,60 €
ITALIA	5.682,00 €	0,32%	25	5.274,90 €	0,29%	6	1.796.648,50 €
PAÍSES BAJOS	10.862,00 €	1,34%	4	2.057,20 €	0,25%	7	813.055,00 €
FRANCIA	16.036,00 €	0,66%	20	4.344,00 €	0,18%	11	2.437.635,00 €
POLONIA	6.929,10 €	1,30%	5	888,70 €	0,17%	12	532.504,70 €
UE 25	**79.467,90 €**	**0,79%**		**21.088,70 €**	**0,21%**		**10.069.052,90 €**

En esta tabla hemos recalculado los datos para los 25 países que entran a formar parte de este estudio. Observamos que la Educación Pública en el Área Universitaria es de 79.467,90 M€, lo que supone el 0,79% del PIB total, frente a los 21.088,70 M€ que se destinan a la Privada y que representan el 0,21% del PIB.

España se sitúa a la cabeza de estos seis países con un 0,39% del PIB y ocupando la tercera posición europea, mientras que en la Educación Pública y con un 0,61% del PIB ocupa la posición número 22. Además, podemos ver que el esfuerzo de las Universidades Privadas supone el 63% del esfuerzo del gasto público universitario de España.

Nuestro vecino Portugal dedica un 0,31% de sus capacidades a la Privada, lo que le lleva a ocupar el quinto puesto, mientras que en la Pública, dedicándole un 0,61% del PIB, se queda en la posición 19. El esfuerzo de la Universidades Privadas en Portugal se coloca en el 46,5% frente al gasto público universitario portugués.

Italia con un 0,29% de dedicación del PIB a la Privada ocupa el puesto 6, mientras que con el 0,32% ocupa el último lugar de los 25 países estudiados. Italia dedica a la Privada el 92,8% del esfuerzo en gasto público.

Los Países Bajos, con un 0,25% del PIB, ocupa la posición 7, mientras que con el 1,34% en la Pública ocupa la cuarta posición, aquí se puede ver que la Privada está todavía muy lejos de la Pública, pues solo representa el 18,9% del total del esfuerzo en gasto público que realiza el Estado Holandés.

Francia, con un 0,18 del PIB en Educación Universitaria Privada, ocupa el puesto 11 en la UE-25, mientras que con el 0,66% del PIB ocupa la posición 20 en la Educación Pública. La Universitaria Privada supone un 27,1% del total de la Pública.

Polonia, con un 0,17% del PIB, ocupa el puesto 12, mientras en la Pública con el 1,3% ocupa el quinto puesto y así tenemos que de estos seis países es que el menos peso tiene la Privada, frente a la Pública, con un 12,8%.

En este análisis, cuatro países (España, Portugal, Italia y Países Bajos) dedican un porcentaje igual o superior a la media y están en el top10 de los países que más le dedican a esta educación; mientras que en la Pública sólo hay dos países que le dedican un esfuerzo superior a la media (Países Bajos y Polonia) y que alcanzan el top10.

La conclusión que podemos sacar es que España en la Educación Pública Universitaria es, sin ninguna duda, un país de referencia, ocupando la tercera posición de estos 25 países analizados, mientras que en la Educación Pública Universitaria está en la cola, ocupando el puesto 22.

2.4. Educación Privada en la Unión Europea

En el año 2012, con los datos de Eurostat, los actuales 25 países que estamos analizando dedicaron 33.256 M€ a la Educación Privada en las tres áreas educativas que hemos examinado: la Educación Preprimaria y Primaria, Secundaria y Formación Profesional y Universitaria.

Los cinco primeros países que más han dedicado a la Educación Privada en valor absoluto son: Francia que con 9.105 M€ dedica el 27,4% del total; en segunda posición España con 6.338,40 M€ y un 19,1%; en tercer lugar está Italia con 5.992,60 M€ que representan el 18,0%; el cuarto lugar lo ocupa Países Bajos que con 2.711,10 M€ supone un 8,2% y la quinta posición es para Polonia que con 2.037,80 M€ tiene un peso del 6,1%.

Los cinco primeros países suman 26.184 M€ que representan el 78,7% del total de la Educación Privada.

Los tres últimos países, con un 0,1% de significación en este estudio, son Luxemburgo, Malta y Croacia. (Ver Anexo **Tabla 44**).

El PIB de los 25 países de la UE sumó en 2012 un total de 8.220.843,90 M€ (8,22 billones de euros), lo que significa que a la Educación Privada, con los 33.256 M€, se dedicó en total un 0,4% del PIB de aquel año.

Los cinco países que más porcentaje dedicaron a la Educación Privada fueron: Chipre con un 1,08%, Portugal con un 1,05%, Letonia con un 0,75%, Hungría con un 0,71% y España que ocupa la quinta posición con un 0,61%.

De los principales países objeto de análisis, hemos visto que España es el mejor; le sigue Polonia con un 0,53% ocupando la sexta posición, a continuación Francia con un 0,44% y la posición 9, Países Bajos con un 0,42% y la décima posición y por último está Italia con un 0,37% y la posición 12.

De los 25 países, solo 10 superan la media del 0,40% de esfuerzo sobre el PIB.

Las tres últimas posiciones son para Luxemburgo que dedica el 0,07% de su PIB, Croacia con 0,04% y Finlandia que tiene un 0,03% de la Privada sobre el PIB. (Ver Anexo Tabla 45).

En la siguiente tabla vamos a comparar el esfuerzo en la Educación Pública y en la Educación Privada y la posición que ocupaban estos países:

	Educación Pública 2012	% sobre PIB	Posición en EU-25	Educación Privada 2012	% sobre PIB	Posición en EU-25	PIB Nominal 2012
PORTUGAL	7.683,70 €	4,57%	12	1.767,20 €	1,05%	2	168.295,60 €
ESPAÑA	39.093,00 €	3,79%	21	6.338,40 €	0,61%	5	1.031.104,00 €
POLONIA	18.488,30 €	4,80%	9	2.037,80 €	0,53%	6	385.389,40 €
FRANCIA	94.541,00 €	4,53%	13	9.105,00 €	0,44%	9	2.088.804,00 €
PAÍSES BAJOS	33.658,00 €	5,15%	6	2.711,10 €	0,42%	10	652.966,00 €
ITALIA	60.663,00 €	3,73%	22	5.992,60 €	0,37%	12	1.624.358,70 €
UE 25	362.135,70 €	4,41%		33.256,00 €	0,40%		8.220.843,90 €

Así tenemos que Portugal ocupa la segunda posición de los 25 países estudiados en dedicación a la Educación privada con un 1,05% de su PIB, mientras que en la Educación Pública con un 4,57% del PIB sólo ocupa la posición número 12.

España, que le dedica un 0,61% del PIB a la Privada, queda en la quinta posición, mientras que en la Pública con un 3,79% ocupa la posición 21, estando por debajo de la media de la UE y ocupando lugares de cola.

Polonia dedica un 0,53% del PIB a la Educación Privada, lo que le permite ocupar el sexto lugar, mientras que con un esfuerzo del 4,8% en la Pública se coloca en novena posición.

Francia, con el 0,44%, ocupa la posición novena, mientras que en la Pública con un 4,53% ocupa la posición 13.

Países Bajos, con un 0,42% en la Privada, ocupa la décima posición si bien, con el 5,15% en la Pública está en el sexto lugar.

Y por último Italia con un 0,37% del PIB ocupa el puesto 12 y con un 3,73% en la Pública se va a al puesto 22.

De estos seis países, cinco dedican más porcentaje que la media (Portugal, España, Polonia, Francia y Países Bajos) y se hallan en Top10 de la UE-25 en la Educación Privada. De estos seis mismos países, solo cuatro superan la media de esfuerzo en la Pública (Países Bajos, Polonia, Portugal y Francia) y solo dos están en el Top10, Países Bajos y Polonia.

En el año 2019, con los datos de Eurostat, los actuales 25 países que estamos analizando dedicaron 43.814 M€ a la Educación Privada en las tres áreas educativas que hemos estudiado: la Edución Preprimaria y Primaria, Secundaria y Formación Profesional y Universitaria.

Los cinco países que dedicaron más fondos a la Educación Privada fueron: Francia que con 11.265 M€ tuvo un peso del 25,7% del total de la UE-25, el segundo fue España con 9.504,7 M€ y un peso del 21,7%, la tercera posición fue para Italia con 8.417,1 M€ y un 19,2%, seguida en cuarto lugar por Países Bajos con 3.307,7 M€, ya muy alejada del tercero, y la quinta posición la ocupa Polonia con 2.520,8 M€ y un 5,8% del total.

Entre estos cinco países sumaron 35.015,3 M€, lo que representa el 79,9%. Esto supone un incremento respecto al 2012 cuando sumaban un 78,7%.

Los tres últimos países en valor absoluto dedicado a la Educación Pública son: Luxemburgo, Estonia y Rumanía que entre los tres representan el 0,3% y apenas suman 130,8 M€. (Ver Anexo Tabla 46).

La Educación Privada creció en este período un 31,7% pasando de los 33.258 M€ a los 43.814,4 M€, pero el crecimiento por países no fue lineal. Los cinco países que más crecieron fueron: Croacia con un 627,5%, seguido ya a mucha distancia por Malta que lo hizo un 134,3%, Irlanda un 85,0%, Dinamarca un 66,8% y Luxemburgo que lo hace en un 58,8%.

Entre los grandes, España, que ocupa la octava posición, es el que más crece con un 50,0%, le sigue Italia que ocupa la posición 10 con un crecimiento del 40,5%, Francia que pasa a ocupar la posición 14 con un crecimiento del 23,7% y Polonia y Países Bajos que ocupan respectivamente los puestos 15 y 16, pues crecen un 23,7% y un 22,0% respectivamente.

En total hay 12 países que crecieron por encima de la media del 31,7% y cuatro países que retroceden en sus gastos a la Educación Privada: Austria con un -2,2%, Portugal con un -15,6%, Letonia con un -16,7% y Rumanía con un -69,9%. (Ver Anexo Tabla 47).

Para ir concluyendo este informe vamos a analizar el esfuerzo de la Educación Privada sobre el PIB en este año 2019.

Los cinco países que más dedicaron a Educación Privada sobre el PIB fueron Chipre que con 282,5 M€ dedica un 1,22%, le sigue España con 9.504,4 M€ y una dedicación del 0,76% del PIB, Hungría ocupa la tercera posición con 1.075,8 M€ y un 0,73%, Portugal, que, a pesar de decrecer en este período, ocupa la cuarta posición con un 0,7% del PIB y 1.491,10 M€ y Polonia ocupa el quinto puesto con 2.520,8 M€ y un 0,47% del PIB.

El resto de los grandes queda de la siguiente manera: Italia en el puesto 7 con un 0,47%, Francia en la posición número 8 con un 0,46% y Países Bajos que se va a la posición número 11 con un 0,41%.

De los 25 países, solo 9 países superaron o igualaron la media. Las tres últimas posiciones son para Luxemburgo, Finlandia y Rumanía que entre los tres suman 155,60 M€, donde Luxemburgo dedica un 0,09% y los otros dos países un 0,03% y un 0,01% respectivamente. (Ver Anexo Tabla 48).

En la siguiente tabla encontraremos la comparación del esfuerzo en la Educación Pública y en la Educación Privada y la posición que ocupaban estos países entre 2012 y 2019:

	Total E. Pública 2019	% sobre PIB	Posición en EU-25	Total E. Privada 2019	Posición en EU-25	% sobre PIB	PIB Nominal 2012
ESPAÑA	45.507,00 €	3,65%	19	9.504,70 €	0,76%	2	1.245.513,00 €
PORTUGAL	8.332,30 €	3,89%	16	1.491,10 €	0,70%	4	214.374,60 €
POLONIA	23.826,70 €	4,47%	8	2.520,80 €	0,47%	5	532.504,70 €
ITALIA	64.169,00 €	3,57%	20	8.417,10 €	0,47%	7	1.796.648,50 €
FRANCIA	105.330,00 €	4,32%	11	11.265,00 €	0,46%	9	2.437.635,00 €
PAÍSES BAJOS	38.609,00 €	4,75%	6	3.307,70 €	0,41%	11	813.055,00 €
UE 25	**417.005,30 €**	**4,14%**		**43.814,40 €**	**0,44%**		**10.069.052,90 €**

España dedica un 0,76% del PIB a la Privada, y con ese esfuerzo queda en la segunda posición, mientras que con un 3,65% del PIB ocupa la posición 19, estando por debajo de la media de la UE y ocupando lugares de cola.

Portugal ocupa la cuarta posición en dedicación a la Educación Privada con un 0,70% de su PIB, mientras que en la Educación Pública con un 3,89% del PIB sólo ocupa la posición número 16.

Polonia dedica un 0,47% del PIB a la Educación Privada lo que le permite ocupar el quinto lugar, mientras que con un esfuerzo del 4,47% en la Pública se coloca en octava posición.

Italia, con un 0,47% del PIB y con una centésima de diferencia con Polonia y Bulgaria, pasa a ocupar el puesto 7 y con un 3,57% en la Pública se va a al puesto 20.

Francia, con el 0,46% es el quinto de este grupo, si bien en la UE-25 ocupa la posición novena, mientras que en la Pública con un 4,32% ocupa la posición 11.

Países Bajos, con un 0,41% en la Privada, ocupa la undécima posición, si bien con el 4,75% en la Pública está en el sexto lugar.

De estos 6 países, 5 dedican más porcentaje que la media (España, Portugal, Polonia, Italia y Francia) y están en el Top10 de la UE-25 en la Educación Privada.

De estos 6 mismos países solo 3 superan la media de esfuerzo en la Pública (Países Bajos, Polonia y Francia) y solo 2 está en el Top10, Países Bajos y Polonia.

3. Conclusiones y resumen

El informe proporciona una visión integral de la evolución del gasto en educación pública y privada en España y en la Unión Europea (UE) desde 2001 hasta 2022.

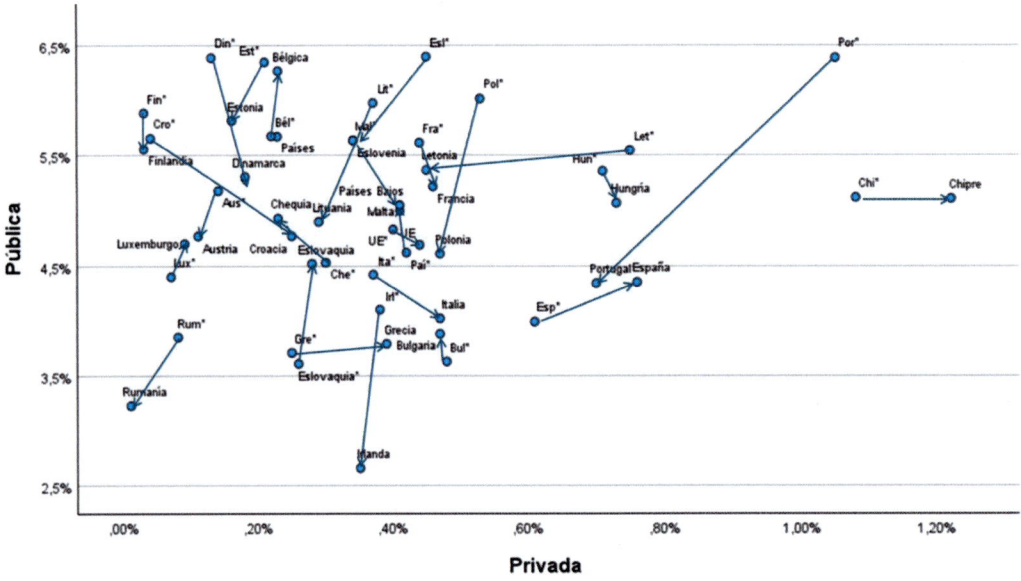

Nota: el gráfico muestra el porcentaje de gasto en educación sobre el PIB de cada país, así como la evolución del gasto privado (entre 2012 y 2022) y público (entre 2002 y 2022). El origen de las flechas se corresponde con la situación inicial y las puntas con los valores correspondientes a 2022.

El gráfico permite observar que España muestra una trayectoria al alza tanto en la inversión en educación pública como en la privada. Es el segundo país con mayor nivel de inversión en enseñanza privada. Los países que han aumentado este indicador son, junto a España, Chipre, Italia, Hungría, Grecia, Croacia, Malta y Francia. También el conjunto de la Unión Europea ha incrementado ligeramente el porcentaje de gasto privado sobre el PIB. Pero también existe un grupo de países que han disminuido el gasto en enseñanza privada sobre el PIB: Portugal, Letonia, Estonia, Lituania y Rumania.

Tampoco existe una pauta clara en la evolución del gasto público sobre el PIB. En el conjunto de la Unión Europea disminuye ligeramente, y en algunos países de forma acusada (Portugal, Irlanda, Rumanía, Lituania, Eslovenia), mientras que en España, Bélgica y Eslovaquia se observan los mayores incrementos.

El siguiente gráfico permite observar la asociación directa que se da entre la variación del gasto en educación privada y pública en el período estudiado. Constatamos que los países que incrementan la inversión privada tienden a su vez a aumentar el gasto público. Esta observación nos debe llevar a rechazar la idea de que el aumento de la educación privada en la práctica se hace a costa de un menor gasto público.

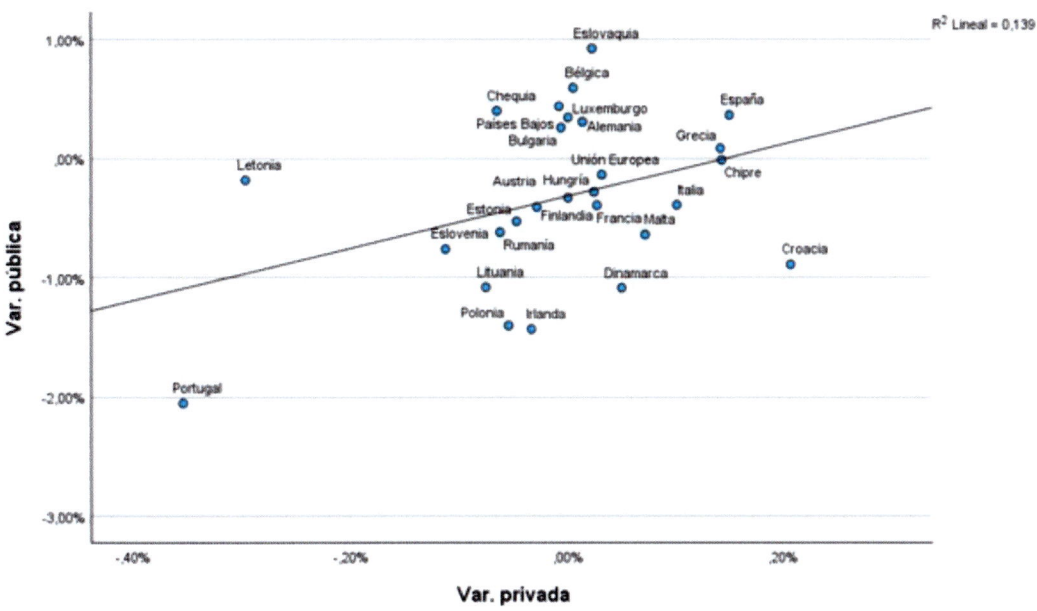

A continuación, realizamos un resumen por cada nivel educativo.

1. Educación Preprimaria y Primaria

España:

- El gasto en educación preprimaria y primaria ha aumentado significativamente en términos absolutos, pasando de 10.683 millones de euros en 2001 a 22.484 millones de euros en 2022, lo que representa un incremento del 110,5%.
- Sin embargo, este crecimiento es inferior al del gasto público total, que ha aumentado un 136,9% en el mismo período.
- La proporción del gasto en educación preprimaria y primaria respecto al gasto público total ha disminuido, pasando del 4% en 2001 al 3,5% en 2022.

Unión Europea:

- En la UE, el gasto en educación preprimaria y primaria ha crecido un 104,1% entre 2001 y 2022.
- Los países que más han incrementado su gasto en esta área son Alemania, Francia, Italia, España y Suecia.
- A pesar de este crecimiento, España se encuentra en una posición media en comparación con otros países de la UE, habiendo aumentado su gasto en un 110,5%.

2. Educación Secundaria y Formación Profesional

España:

- El gasto en educación secundaria y formación profesional ha crecido un 111,6% de 2001 a 2022, pasando de 10.642 millones de euros a 22.515 millones de euros.
- Este crecimiento también es inferior al del gasto público total (136,9%).
- La proporción del gasto en esta área respecto al gasto público total ha disminuido, pasando del 4,0% en 2001 al 3,5% en 2022.

Unión Europea:

- En la UE, el gasto en educación secundaria y formación profesional ha crecido un 68% entre 2001 y 2022.
- Los países que más han incrementado su gasto en esta área son Alemania, Francia, Italia, España y Países Bajos.
- España ha mejorado su posición relativa en comparación con otros países, aunque sigue estando en la media.

3. Educación Universitaria

España:

- El gasto en educación universitaria ha crecido un 70,6% de 2001 a 2022, pasando de 4.781 millones de euros a 8.155 millones de euros.
- Este crecimiento es considerablemente inferior al del gasto público total (136,9%).
- La proporción del gasto en educación universitaria respecto al gasto público total ha disminuido, pasando del 1,8% en 2000 al 1,3% en 2022.

Unión Europea:

- En la UE, el gasto en educación universitaria ha crecido un 84% entre 2001 y 2022.
- Los países que más han incrementado su gasto en esta área son Alemania, Francia, Países Bajos, España y Polonia.
- España, con un crecimiento del 70,6%, está por debajo de la media europea.

4. Gasto Total en Educación Pública

España:

- El gasto total en educación pública ha crecido un 109,5% de 2001 a 2022, pasando de 27.967 millones de euros a 58.598 millones de euros.
- Este crecimiento es inferior al del gasto público total (136,9%).
- La proporción del gasto en educación pública respecto al gasto público total ha disminuido, pasando del 10,4% en 2000 al 9,2% en 2022.

Unión Europea:

- En la UE, el gasto total en educación pública ha crecido un 87,6% entre 2001 y 2022.
- Los países que más han incrementado su gasto en esta área son Alemania, Francia, Italia, España y Países Bajos.
- España ha mostrado un crecimiento del 109,5%, situándose en la media en comparación con otros países de la UE.

5. Conclusiones Generales

1. Evolución del Gasto:

- El gasto en educación ha aumentado significativamente en términos absolutos en España y la UE. Sin embargo, este crecimiento ha sido menor en comparación con el crecimiento del gasto público total, especialmente en áreas clave como la educación secundaria y universitaria.
- En España, el crecimiento del gasto educativo ha sido más lento que el del gasto público general, lo que ha resultado en una disminución relativa de la proporción del presupuesto total dedicado a la educación.

2. Comparativa con la UE:

- España se encuentra en una posición media en la mayoría de las categorías comparativas con otros países de la UE, sin destacar ni en la parte superior ni en la inferior de las clasificaciones.
- A nivel de la UE, el gasto en educación ha crecido de manera constante, pero con variaciones significativas entre los diferentes países miembros.

3. Políticas Gubernamentales:

- Las políticas de gasto educativo han variado significativamente entre los gobiernos de izquierda y derecha en España. Los gobiernos de izquierda generalmente han destinado una menor proporción de recursos a la educación en comparación con otros gastos públicos, mientras que los gobiernos de derecha han mostrado una mayor consistencia en la asignación de recursos a esta área.
- El aumento del peso de las universidades privadas en España se debe a una combinación de factores, como la percepción de un mejor servicio docente, una mayor orientación hacia la inserción laboral y la oferta de programas formativos más integrales, lo que responde a las demandas de los estudiantes y del mercado laboral. Estos elementos, más que una falta de recursos en las universidades públicas, parecen ser los principales motores del crecimiento del sector privado.

4. Necesidades Futuras:

- Este estudio subraya la necesidad de una mayor inversión y un enfoque más equilibrado en la asignación de recursos para mejorar la educación en España y alinearse mejor con los estándares europeos.
- Es crucial implementar políticas educativas que aseguren un crecimiento sostenido y equitativo en todas las áreas de la educación, garantizando así una mejora continua en la calidad educativa y en los resultados obtenidos por los estudiantes.

Escanea
este código
para ver
los anexos